WERNER ROTHER

Elemente und Grenzen des zivilrechtlichen Denkens

Schriften zur Rechtstheorie

Heft 43

Elemente und Grenzen
des zivilrechtlichen Denkens

Von

Prof. Dr. Werner Rother

DUNCKER & HUMBLOT / BERLIN

Alle Rechte vorbehalten
© 1975 Duncker & Humblot, Berlin 41
Gedruckt 1975 bei Buchdruckerei Bruno Luck, Berlin 65
Printed in Germany
ISBN 3 428 03448 1

Inhaltsverzeichnis

Einleitung: Die Notwendigkeit methodischer Betrachtung	7
I. Ordnung und Bewahrung	10
II. Das Denken in Raum- und Zeitvorstellungen	12
III. Die Kausalität	19
IV. Logik, Argumente, Gesichtspunkte	23
V. Das Abwägen von Argumenten	31
VI. Die Belastbarkeit des einzelnen	34
VII. Grenzen des zivilrechtlichen Denkens	47

Einleitung

Die Notwendigkeit methodischer Betrachtung

Das Nachdenken über wissenschaftsmethodische Fragen ist jeder Epoche von neuem und in besonderer Weise zur Aufgabe gemacht. Vor allem sind es die späten und absteigenden Stadien der geistesgeschichtlichen Entwicklung, in denen die Gelehrsamkeit dem Anreiz zur Bespiegelung des eigenen Denkens und zur Innewerdung der hier zu erkennenden Gesetzmäßigkeiten mit erhöhtem Interesse folgt. Frühere und, wenn man so sagen will, „gesündere" Zeiten pflegten ihr volles Augenmerk auf die Sache zu verwenden, nicht auf die Denkleistung, die der Bewältigung der Sache dient. Sie taten insofern recht daran, als aus der bemühten Reflexion über die Eigentümlichkeiten des wissenschaftlichen Denkens nicht immer diejenigen sichtbaren Erfolge hervorgehen, die den damit verbundenen Geistesaufwand rechtfertigen könnten. — Andererseits geschieht es mit gewisser geistesgeschichtlicher Notwendigkeit, daß sich nach Zeiten des rein sachbezogenen Denkens und Konstruierens das Interesse der Wissenschaft auch auf die Methodik ihres Vorgehens und auf die darin beschlossenen Unterschiede des Ansetzens, Fragens und Begreifens richtet.

Auch dieses Streben als solches unterliegt wieder der Veränderung und dem Zwang zur Fortentwicklung, — womit es seinerseits zu einem Gegenstand weiterer Reflexion und Bewußtseinsforschung werden muß. Was in Sonderheit die Geschichte der europäischen Rechtswissenschaft anbelangt, so läßt sich beobachten, wie sich hier, ausgehend von sehr hochgespannten Betrachtungen über Herkunft, Idee und allgemeine Bedeutung des Rechts, die Erörterung später den mehr praktischen Kategorien des Zwecks der Rechtsregeln, der Interessen der Beteiligten und denjenigen Realitäten zuwendete, die, wie man zu erkennen glaubte, ihrerseits der Konstruktion der Rechtsregeln und der Geltung der Gesetze zugrunde liegen.

Ein weiterer notwendiger Schritt auf dem Wege, um *hinter* die juristischen Denk- und Urteilsvorgänge zu gelangen und auf diese Weise deren Bedingtheit und Abhängigkeit von tieferen, bedeutsameren

Bezügen zu erklären, führt infolgedessen wie sonst, so auch hier auf *psychologisches* Gebiet. Denn die Erkenntnis, daß diejenigen geistigen Bewegungen, Tätigkeiten und Ergebnisse, die man für gewöhnlich als objektive Erscheinungen ansieht, letzten Endes wieder aus der psychischen Veranlagung der handelnden Subjekte erklärbar sind, stellt nach vorläufigem Wissensstande die am tiefsten begründete Ableitung geistiger Vorgänge dar[1].

Auslösendes Moment für derartige Untersuchungen ist heute meist das *pädagogische* Problem. In einer Zeit, die allenthalben nach technisch-automatisierter Ersetzung von Denkvorgängen und nach einer Entlastung des Menschen von dem Übermaß an Fracht und Bürde des Geistes strebt und die aus demselben Grunde ständig bemüht ist, den Nachfolgern ihren Wissensstoff in einfacherer, zweckmäßigerer und wirksamerer Weise zu vermitteln, steht aber gerade die Jurisprudenz oft ohne die rechte Vorbereitung und ohne die nötige Bewußtheit ihrer wissenschaftlichen Eigentümlichkeit da. Würde man ganz allgemein fragen, welche geistigen Eigenschaften der Rechtskundige vordringlich benötigt, auf welche Denk- und Urteilsvorgänge es in seinem Fach besonders ankommt und nach welchen Prinzipien infolgedessen auch der (bislang wenig profilierte, allzusehr aus Unentschlossenen, Farblosen, ihrer selbst nicht Sicheren bestehende) Nachwuchs auszuwählen und fortzubilden sei, so bekäme man wohl nur die bekannten, wenig aufschlußreichen Antworten: der Jurist habe sicher im logischen Denken und Folgern zu sein, er habe Gerechtigkeitssinn, Vernünftigkeit und Unbestechlichkeit, dazu soziales Empfinden zu besitzen, — und er habe diese Eigenschaft mit Würde und Freundlichkeit des Betragens, mit Fleiß und Ausdauer und, zumal im Dienste des Staates, mit persönlicher Bescheidenheit zu verbinden[2]. Die Frage jedoch, was in dieser Wissenschaft eigentlich an psychisch-charakterlicher Grundhaltung zu besitzen, an Anlagen oder Talenten zu beweisen, an Denkoperationen,

---

[1] Die noch tiefer reichende Einsicht, daß auch die psychischen Eigentümlichkeiten wiederum durch noch grundsätzlichere Vorgänge bedingt sind, (etwa solche genetischer, biologischer, geophysischer, kosmischer Art), erscheint aber wohl schon am Horizonte und würde dann in ein neues Stadium der Wissenschaftserforschung führen.

[2] Aus den verhältnismäßig ausführlichen Darlegungen von *Otto Brusiin*, Über das juristische Denken, Kopenhagen 1951, zur Frage der „juristischen Begabung" (S. 93 ff.) seien ferner folgende Stichworte mitgeteilt: „rechtliches Schematisieren, rechtliche Zweckbetrachtung und rechtliche Ganzheitsschau" in „gegenseitiger Verbundenheit", — „schöpferisches Denken", „Intuition".

Figuren und Konstellationen des Schließens und Urteilens zu beherrschen ist, wird kaum gestellt und das Grenzgebiet zur Psychologie und Charakterologie, das dazu erforscht werden müßte, nur zögernd betreten.

So herrscht denn auch trotz weithin vernehmbaren didaktischen Feldgeschreis nach wie vor erhebliche Unsicherheit darüber, wie der Rechtsunterricht am besten zu gestalten sei, d. h. von welcher Ausgangsposition her man zu operieren und welche Ziele der Bildung man anzustreben habe. Inwieweit ist die moderne Jurisprudenz noch eine Sache des *Wissens,* das anzulernen und zu behaupten ist, — oder inwieweit kommt es mehr auf ein *Können* in der Art des Folgerns, Fallbearbeitens, Systematisierens und Formulierens an? Ist die „praktische Anschauung" soviel wert, wie man von ihr behauptet, oder ist die theoretische Schulung das Wichtigere? Ist es richtig, wie bislang angenommen, daß der Jurist ein vorwiegend konservativer Mensch ist, oder hat man darauf zu sehen, daß in Zukunft eher fortschrittliche, nämlich kritische, unruhige, auf Umbau und Neukonzeption bedachte Geister angezogen und gefördert werden?

Die Lösung solcher Probleme setzt die Klärung der grundsätzlichen Frage voraus, was im Juristen seelisch und verstandesmäßig vorgeht, wenn er seine ihm von Staat und Gesellschaft übertragene Arbeit tut, — wenn er in Rechtssachen denkt, prüft, anordnet und entscheidet, Gesetze macht oder Gesetze auslegt, Rechtsstoff wissenschaftlich aufbereitet oder vorträgt.

Die Feststellungen, die hierbei zu treffen sind, führen in dem oben geschilderten bewußtseinskritischen Sinne oft noch hinter diejenigen Kategorien zurück, die von Rechtsphilosophie und Methodenlehre üblicherweise verwendet werden. Sie erweisen sich zum Teil als verwandt mit den Argumentationsweisen, die zwar in Rhetorik und Eristik seit langem bekannt sind, hier aber gemeinhin im schlechten Rufe des bloßen Überredungsgeschicks oder gar der Täuschung und Irreführung stehen[3]. Sie sind vorwiegend psychologischer, zum Teil auch soziologischer oder ethologischer Natur[4].

---

[3] Positiv zur rhetorischen Argumentation *Esser,* Wertung, Konstruktion und Argument im Zivilurteil, Karlsruhe 1965, S. 21, insbesondere Anm. 49. Zu den einzelnen Figuren des Argumentierens *Rother,* Die Kunst des Streitens, München 1961.
[4] Interessant die Formulierung von *P. Kretschmar,* Über die Methode der Privatrechtswissenschaft, Leipzig 1914, S. 33: „Den Rohstoff der Rechtswis-

Hierzu müssen eine Reihe immer wiederkehrender, untereinander an Schwierigkeit und Bedeutung sicher nicht gleichwertiger, aber allesamt für die Arbeit am Rechtsstoff wirksamer Denkvoraussetzungen und Denkfiguren unterschieden werden.

I. Ordnung und Bewahrung

Zunächst ist es nötig, eine bestimmte Ausrichtung des Bewußtseins des Rechtskundigen zu erkennen, die seinem Denken und Urteilen allgemein vorgegeben und für seine Arbeitsweise im einzelnen bestimmend ist. Dies ist die grundsätzliche Bejahung von *Ordnungen*. Mit diesem Bewußtsein stellt sich der Jurist dem Wechsel und der Vielgestaltigkeit der Lebenserscheinungen entgegen und gibt seinem Bemühen um Herstellung der Gerechtigkeit im Einzelfalle Sinn und Ziel.

Diese Grundeinstellung wird oft dahingehend mißverstanden, daß es dabei in erster Linie um die Ausübung von Macht oder darum ginge, sich der bestehenden Macht unterwürfig zu zeigen. In Wahrheit ist es das in den Tiefen der menschlichen Existenz angelegte Streben nach Schutz und Geborgenheit, nach Sicherung von Betätigung und Fortbestehen, nach Abwehr von Angst und Verwirrung, das hier ins Geistige übertragen wirksam wird.

Dieses Streben nimmt entwicklungsgeschichtlich seinen Weg zunächst in der Richtung, daß die Naturgesetze und die Verhaltensweisen von Ding und Kreatur erkannt und für das menschliche Dasein nutzbar gemacht werden. Denn mit dem Wissen, wie Feuer und Wasser wirken, Sonne und Mond sich bewegen, Pflanze und Tier beschaffen sind und sich verhalten, gewinnt der Mensch die Fähigkeit, sein Leben und seine kreatürliche Vormacht zu behaupten. Entscheidend ist, daß es sich dabei um die Erkenntnis von *Gesetzmäßigkeiten* handelt. Erst aus der Kenntnis einer natürlichen Zwangsläufigkeit und Allgemeingültigkeit der Erscheinungsweisen entsteht die Gewißheit, auf die es dem Betrachtenden ankommt: daß sich die Phänomene in immer derselben, bei Gleichbleiben der übrigen Gegebenheiten also *berechenbaren* Art und Weise vollziehen und somit vom Menschen benutzt, vorausgesehen, zum Teil auch gefürchtet oder gemieden werden müssen[5].

---

senschaft bilden, ganz allgemein gesprochen, diejenigen durch Abstraktion isolierten psychischen Inhalte, in denen sich ein bestimmtes soziales Verhalten als durch das Gemeininteresse autoritativ geboten darstellt."

[5] — wobei auch die Feststellung, daß z. B. ein Tier in bestimmten Situa-

I. Ordnung und Bewahrung

Diesen natürlichen Gesetzen sind die menschlichen Gesetze — sicher nicht bewußt, wohl aber im Sinne lebendiger Übereinstimmung — nachgebildet. Auch sie sollen helfen, die undurchschaubare, hauptsächlich feindliche Umwelt einsehbar und kalkulierbar zu machen. Der Mensch will darauf vertrauen können, daß er wie in der Natur so auch im sozialen Dasein bei gleichen Voraussetzungen gleiche Folgen erwarten darf. Er will *sich verlassen* können auf die Regeln der Gastfreundschaft, des Marktfriedens, der vertraglichen Verbindung, des Zusammenlebens in Familie oder Sippe, — auch auf die des Krieges oder der Bestrafung. Ein mit höherer Zivilisation immer wachsender Teil der Lebensangst soll auf diese Weise vom Menschen genommen werden, — worauf sich wiederum seine (sicher nicht immer erfüllte) Erwartung gründet, daß dadurch ein Freiwerden seiner körperlichen und geistigen Kräfte für bessere Zwecke, insbesondere für die Fort- und Aufwärtsentwicklung seiner Art und ihrer Lebensbedingungen eintreten möchte.

Dieser, vom Menschen her gesehen, *positive* Zweck aller Regelfindung und Regelsetzung muß allerdings gegen mißbräuchliche Verwendung und gegen den allen Regeln immanenten Hang zur Deformierung und Hypertrophierung verteidigt werden. Denn es trifft anderseits durchaus zu, daß Rechts- und Gewohnheitsregeln für Machtzwecke konstruiert, manipuliert und mißbraucht werden, daß sie altern, an Ansehen verlieren, unhandlich werden, sich überleben oder versteinern können und daß es daher fortwährender Beobachtung und schöpferischer Erneuerung bedarf, um sie in brauchbarem Zustand zu erhalten.

Das Bemühen um die Ausbildung und Beobachtung von Regeln setzt sich konsequenterweise fort in dem Bestreben, die wachsende Fülle der Regeln wiederum einer übergreifenden Ordnung zu unterstellen, sie in ein *System* zu bringen. Denn erst das System in seinem Verständnis als Einheit und geordnetes Ganzes[6] von Einzelerkenntnissen gewährleistet es, die einzelnen Regeln in sinnvollem Zusammenhang zu sehen und sie damit überzeugend und auch im praktischen Sinne verfügbar zu machen. Aus dem gleichen Grunde ist auch hier die Notwendigkeit der fortwährenden Überprüfung und Erneuerung des Systems gegeben, ohne daß deswegen an seiner grundsätzlichen Erforderlichkeit und Bedeutung zu zweifeln wäre. Somit ist der Rechtskundige — und

---

tionen „unberechenbar" und *keinem* Verhaltensgesetz unterworfen ist, eine als solche nützliche und wissenswerte *Regel* darstellt.

[6] *Canaris*, Systemdenken und Systembegriff in der Jurisprudenz, Berlin 1969, S. 11 ff. unter Bezug auf Kant, Savigny, Stammler u. a.

das ist für unsere Betrachtung das Entscheidende — mit innerer Konsequenz auf die *Bewahrung* eines bisher geltenden Regelwerks eingestellt. Er weiß, daß überholte, schiefe, sogar falsche Normen das kleinere Übel gegenüber einer „natürlichen" Anarchie sind. Aus diesem Grund kommt dem Bewahren des Überkommenen, früher Gepflogenen im Recht wesentliche Bedeutung zu[7]. Auch hierbei besteht eine wichtige Parallele, was die Kenntnis der Naturgesetze betrifft. Das Zurückgreifen auf einen Fundus des kollektiv Gesammelten und Erarbeiteten ist die Methode, durch die sich der Mensch von Generation zu Generation das Wissen von der Natur erworben, es in seinem Bewußtsein „gespeichert" und für die Zukunft erhalten hat. Im Prinzip der gleiche Vorgang vollzieht sich im menschlichen Zusammenleben. Auch hier ist es unumgänglich, auf dem ins kollektive Bewußtsein Aufgenommenen weiter zu bauen und die als richtig erkannten Regeln zu bewahren. Der Jurist ist aus tieferer Notwendigkeit konservativ.

II. Das Denken in Raum- und Zeitvorstellungen

Wenn die Eigenart des juristischen, insbesondere des zivilrechtlichen Denkens beschrieben werden soll, so muß ferner gefragt werden, in welchen allgemeinen Dimensionen des Bewußtseins und der Vorstellung sich dieses Denken vollzieht. Mit welchem gedanklichen Material arbeitet der Jurist bei seinen Darlegungen, Ableitungen, Vergleichen, Beweisen, — anders ausgedrückt: vor welchem als selbstverständlich anzusehenden, nicht ständig bewußt werdenden Hintergrund des Denkens vollziehen sich seine Feststellungen — daß z. B. ein Rechtsgeschäft angefochten worden sei oder daß jemand wegen einer deliktischen Handlung schadensersatzpflichtig wurde?

Das rechtliche Denken beginnt bei der *Anschauung* des Sachverhalts. Je faßbarer und sprechender die hier zu erkennenden Vorgänge sind, desto leichter scheint die rechtliche Folgerung. Mitunter scheint der Fall so „klar zu liegen", daß eine „juristische" Beurteilung überhaupt für überflüssig zu halten ist: A nimmt dem B eine Sache weg. C verspricht dem D eine Dienstleistung. E baut über die Grenze auf das Grundstück des F. Die Rechtsauskunft, daß A dem B die Sache zurückgeben, C die Leistung erbringen, E den Überbau wieder beseitigen

---

[7] Vgl. neuestens *K. S. Kramer*, Rechtliche Volkskunde, 1974, S. 40 ff. — *Jerusalem*, Die Zersetzung im Rechtsdenken, 1968, S. 29 ff.

II. Das Denken in Raum- und Zeitvorstellungen

müsse, scheint unmittelbar aus dem Sachverhalt selbst hervorzugehen, ohne daß es besonderer fachlicher Erwägungen bedürfte[8].

Jedoch bedeuten die Aufstellung und Anwendung von *Rechtssätzen* erstens mehr als die vom spontanen Gefühlsausschlag bestätigte Entscheidung des Einzelfalles. Zum andern beruhen auch jene einfachen Lösungen auf einem *Rechtsprinzip*, aus dem heraus sie gefolgert werden müssen, auch wenn sich der Urteilende der Allgemeingültigkeit seiner Konklusion nicht immer bewußt ist. Sie setzen die *Konstruktion* von *Regeln* voraus und bilden die Herleitung eines Ergebnisses aus einem allgemeinen Satze. Die Rechtskonstruktion aber beruht immer auf *räumlich-zeitlicher Vorstellung*[9], und diese Vorstellung, die im Bewußtsein des lernenden, lehrenden und praktisch arbeitenden Juristen die sinnliche Anschauung des Sachverhalts zum Teil ersetzen, zum Teil auch durch die Konzeption allgemeiner Sätze überwinden muß, ist der hier gesuchte gedankliche Hintergrund.

Das ist nicht selbstverständlich. Es könnte eingewandt werden, daß „Recht" doch in Wirklichkeit etwas „rein Geistiges", nur im Bewußtsein der Menschen, nicht aber in der Außenwelt Existierendes sei. Daß eine Forderung z. B. räumliche Ausdehnung besitze, wird niemand behaupten wollen. Auch ein dingliches Recht besitzt trotz seines Namens keine räumliche Erscheinung. Die Rechtsordnung muß sich vielmehr besonderer Mittel bedienen, um Forderungs- und dinglichen Rechten durch urkundliche Festlegung oder Eintragung in ein Register gewissermaßen eine räumliche Hilfsexistenz zu verleihen.

Dennoch trifft es zu, daß das gesamte zivilrechtliche Denken — wahrscheinlich alles Rechtsdenken überhaupt — auf räumlichen Vorstellungen beruht, die allem Ordnen und Folgern zugrundeliegen.

Unter anderem beweist schon die Art, wie der Jurist sich äußert und seine Ergebnisse formuliert, daß sein Denken, auch wo es angeblich „abstrakt" und in einer eigenständigen Kunstsprache verfaßt ist, der

---

[8] Zu dieser Eigenart des Rechtsdenkens, bei geeigneter Fragestellung gewissermaßen „automatische" Folgerungen zu ermöglichen, zutreffend *Canaris*, a.a.O., S. 23. — In der volkstümlichen Betrachtung spielt diese Erwägung, daß viele Fälle so klar seien, daß „wir dazu doch nicht extra einen Juristen brauchen", eine bedeutsame, mitunter verhängnisvolle Rolle.

[9] Zum Konstruktionsbegriff vgl. *Dubischar*, Grundbegriffe des Rechts, Eine Einführung in die Rechtstheorie, Stuttgart 1968, S. 72 ff. — Die „bildhaften Ausgangsvorstellungen pseudophysikalischer Natur — — — strukturieren und lenken das Denken nach der natürlichen Anschauung sowie gemäß den Kategorien von Raum und Zeit".

II. Das Denken in Raum- und Zeitvorstellungen

räumlichen Anschauung verhaftet bleibt. Unsere Rechtssprache ist, sofern sie Eigenart und Verständlichkeit besitzt, an räumlichen Bildern und Assoziationen orientiert. Eine Forderung wird „begründet", „übertragen", „erfüllt". Ein Gesellschafter „tritt" in eine Gesellschaft „ein". Das Eigentum an einer Sache „geht verloren" und wird von einem gutgläubigen Erwerber „erlangt". Ein Recht wird „belastet". Ein Rechtsgeschäft wird durch Anfechtung „rückwirkend vernichtet".

Der Einwand, dies alles sei eine „übertragene" Verwendung des Wortsinns, wie sie in der Sprache häufig vorkomme, inhaltlich aber ohne Bedeutung sei, würde nicht überzeugen. Denn er würde von der Erkenntnis ablenken, daß das Recht in wesentlichen Bereichen grundsätzlich *nur* als ein *räumliches* Etwas vorgestellt und weiter entwickelt werden *kann*. Zwar geht eine gewisse Faszination davon aus und bildet es für Kritiker eine willkommene Operationsbasis, sagen zu können, daß genau genommen im hochentwickelten Zivilrecht überhaupt nichts „da sei", was man wahrnehmen oder zum Gegenstand forschender Betrachtung machen könne. Alle Einzelheiten eines komplizierten Rechtsfalles — von Forderungsentstehung über Kündigung, Kündigungsanfechtung, Verzug, Rücktritt, Schadensersatzleistung usw. — laufen, wenn man das wirklich sinnlich Wahrnehmbare sucht, allein darauf hinaus, daß A an B einen Geldbetrag zahlt oder nicht zahlt und B dem A dafür eine Maschine liefert oder nicht liefert.

Diese Einsicht ist aber letzten Endes nicht viel nütze; denn die *Begründung* und *Voraussehbarkeit* dieses Ergebnisses, auf die es den Beteiligten sehr ankommt und die das Ganze erst zu einer Sache der Rechtsfindung machen, führen mit Notwendigkeit in die „Konstruktion" von Rechtssätzen, und eben diese ist ohne die Raum-Vorstellung nicht möglich. Man kann sich mit Recht gegen eine *Übertreibung* dieses räumlich-bildhaften Denkens wenden, wenn es sich darum handelt, eine zeitweise in Mode gewesene, allzu deutliche Anlehnung des Rechtsdenkens an biologisch-naturwissenschaftliche Beobachtungen einschränken zu müssen. Ob die Vorstellung von der „organischen Natur", vom Aufblühen und Verwelken, von Krankheit und Krise des Rechts, von der Abtrennung oder Abbindung schädlicher Teile, von Neuverpflanzung, Aushöhlung, Paralysierung rechtlicher Regeln immer das Richtige treffen, kann zu bezweifeln sein.

Auch wird man sich hüten müssen, die räumliche Vorstellung bereits als *Begründung* für den gewünschten Rechtserfolg zu verwenden, was

z. B. in der häufig gebrauchten Wendung geschieht, jemand sei „näher daran", einen Schaden zu tragen.

Dennoch bleibt es im Grundsatz richtig, daß der Mensch in seinem Denken, (nicht nur dem rechtlichen, sondern z. B. auch dem philosophischen und sogar dem theologischen und sicher dem technischen und naturwissenschaftlichen Denken) auf die räumliche Vorstellung angewiesen ist und daß ohne diese Fundierung und fortwährende Anregung des Denkens aus Bildern und Vergleichen keine Kommunikation unter denkenden Individuen möglich ist.

Mit der räumlichen Anschauung auf unlösbare Art verbunden ist die Notwendigkeit der *zeitlichen* Erfassung geistiger Objekte. Auch das Rechtsdenken besitzt daher eine ausgeprägte zeitliche Komponente. Jedes Recht, jedes Rechtsinstitut und jeder rechtliche Vorgang müssen als ein zeitlich Ausgedehntes und Fixierbares gedacht werden. Wiederum kann im Einzelfall bezweifelt werden, ob dieser zeitliche Bestand eines Rechts existent oder auch nur als Denkhypothese notwendig ist. Wenn A dem B ein Darlehen gibt und den Betrag nach 2 Jahren zurückfordert, so bedarf es zur Lösung dieses Falles vielleicht nicht unbedingt der Annahme, daß ein *Forderungsrecht* des A während der *2 Jahre bestanden* habe und A später unter Bezug auf die Existenz und das zeitliche Nochvorhandensein dieses Rechts Zahlung von B verlangen könne. Aber auch dieser Zweifel wäre reine Spekulation. In Wirklichkeit pflegt jedermann, nicht nur der Jurist, mit dieser Vorstellung zu arbeiten. Sie auszuschalten oder zu ersetzen, würde zusätzliche Denkanstrengung erfordern, ohne daß daraus ein Nutzen für Theorie oder Praxis des Rechts zu erwarten wäre.

Anderseits ergeben sich gerade aus dem Zeitcharakter des Rechts eine Menge besonderer Probleme, wie das der Anfechtung, der Konkurrenz, der Verjährung, der Verwirkung, des Beginns, Ausschlusses, Ende eines Rechts, — und wiederum handelt es sich dabei nicht um künstliche Analogien; sondern die Vorstellung des Juristen muß sich mit Notwendigkeit der Zeitkategorie bedienen, um Konstruktionen schlüssig und begreiflich zu machen.

Auch die Rechtsordnung als solche erscheint so als ein in der Zeit bestehender Gegenstand. Ältere Epochen pflegten, wie oben bemerkt, auf die Tatsache, daß eine Rechtsregel von langen Zeiten her gelte, besonderen Wert im Sinne einer Bewährtheit und Verehrungswürdigkeit solcher Normen zu legen. Umgekehrt ist mitunter die Vermutung begründet, daß eine seit längerer Zeit bestehende Norm durch die Entwicklung überholt und eben wegen ihres „Alters" erneuerungsbedürftig sein könnte.

Aus alledem sind auch praktische Folgerungen zu ziehen, — und zwar nicht nur für Wesen und Eigenart des Rechtsdenkens allgemein, sondern auch für die Anforderungen, die an die Angehörigen des Juristenstandes in Bezug auf ihre Anlagen und Fähigkeiten zu stellen sind. Der Jurist muß eben die Eignung besitzen, räumlich-zeitliche Gedankenkonstruktionen aufbauen, verstehen und wiedererkennen zu können, — obwohl die „Wirklichkeit" außer bedrucktem Papier und dem ungefähren Konsens der Rechtsgenossen nichts an „Beweisen" für das reale Vorhandensein solcher Figurationen bietet. Er muß — ganz entgegen einer üblichen Einschätzung seines Berufs, die darin die Bearbeitung höchst „trockener", theoretischer Stoffe sieht, — ein möglichst hohes Maß von Vorstellungsgabe, ja Phantasie besitzen. Er *muß*, anders wird ihm kein Einzelerfolg und erst recht kein schöpferisches Fortschreiten gelingen, in seinen Gedanken dort räumlich-zeitliche Gebilde sehen, abwandeln und umgestalten können, wo der Laienvorstand nur die Sachverhalte und die auf Geldzahlung oder andere menschliche Tätigkeiten gerichteten Prozeßergebnisse sieht. *Wie* das der Jurist in seinem Denken bewältigt, bleibt ihm überlassen. Oft wird er sich jener bekannten geometrischen Hilfsfiguren bedienen, die in Vorlesungen und Lehrbüchern gern verwendet werden: Pfeile, Umgrenzungen, Bogenlinien, Durchstreichungen. Er kann dazu auch architektonische, landschaftliche oder technische Anschauungen heranziehen. In jedem Falle werden es raum-zeitliche Vorstellungen sein, die ihn leiten.

Dabei darf anderseits nicht übersehen werden, daß diese Hilfsvorstellungen nur bis zu einem gewissen Grad zutreffen und nur in einem gewissen Bereich richtige Schlüsse gestatten. Oft hört ihre Aussagefähigkeit an entscheidender Stelle auf, und es bildet dann sogar einen Fortschritt in der Dogmatik, daß *über* die räumlich-zeitliche Schlüssigkeit *hinaus* neue Einsichten gefunden werden.

Auch *vor* Vertragsschluß bestehen z. B. vertragsähnliche Pflichten aus „sozialem Kontakt".

Auch *nach* Erlöschen eines Schuldverhältnisses durch Erfüllung bleiben Nebenrechte und -pflichten bestehen.

II. Das Denken in Raum- und Zeitvorstellungen

Ein Anspruch, obwohl in der Konstruktion als ein materielles Etwas vorgestellt, kann dennoch nicht von *dritter* Seite zerstört oder in seinem Werte gemindert werden.

Beim Problem des Erwerbs vom Nichtberechtigten aber sieht sich die deutschrechtliche Auffassung seit jeher der Konzeption des römischen Rechts gegenüber, die aus der räumlich-materiellen Anschauung folgt und die eben deshalb den Anschein unumstößlicher Richtigkeit erweckt: nemo plus iuris transferre potest quam ipse habet.

Im Gesellschaftsrecht macht es besondere Schwierigkeiten, wie man sich das Funktionieren und den Aufbau der verschiedenen Gebilde räumlich vorzustellen hat. Ist z. B. das gemeinschaftliche Vermögen als ein irgendwie gearteter Behälter, Fundus, umgrenzter Bezirk zu denken, der sich zwischen, über oder neben den Gesellschaftern befindet und ihrem Zugriff teils offensteht, teils entzogen ist? Muß man die juristische Person als einen *außerhalb* des Kreises der Mitglieder existierenden Körper ansehen, weil sie ja bekanntlich mit den einzelnen Mitgliedern in gesonderte Rechtsverbindung treten kann, — oder bildet sie nicht vielmehr ein die einzelnen *umfassendes* Gebilde?

Wer da meint, dies seien abstruse, dem konsolidierten Rechtsverständnis gegenüber unnütze Denkübungen, täuscht sich über die tief angelegte *Bedingtheit* unseres Rechtsdenkens durch räumlich-zeitliche Kategorien, welche bei jedem problematischen Fall, bei jeder Bemühung um Reform, Kritik oder neues Begreifen des Rechtsstoffes wieder sichtbar wird.

Denn auch dort, wo sich die Rechtskonstruktion letzten Endes von der räumlichen Folgerichtigkeit entfernt, ist das Verständnis auf die raumzeitliche Vorstellung angewiesen, sei es auch nur, um feststellen zu können, daß hier gewissermaßen „ein Wunder geschieht": Das angefochtene, also rückwirkend vernichtete Vertragsverhältnis besteht als „faktisches" Verhältnis fort. Der Vertrag des beschränkt Geschäftsfähigen ist eigentlich ungültig. Er „gilt" aber als wirksam, wenn die Leistung aus Taschengeldmitteln erbracht wird. Auch das Begreifen einer solchen Absonderlichkeit setzt das Verständnis der Regel voraus.

Die Angelegtheit des juristischen Denkens in Raum- und Zeitvorstellungen hat eine weitere, praktisch bekannte, theoretisch wenig beachtete Konsequenz: zur Herstellung gerechter Regelungen und Entscheidungen müssen in beträchtlichem Umfang *rechnerische* Erwägungen angestellt werden. Vom üblichen Betrachtungsschema meist übersehen und mit der souveränen Feststellung „iudex non calculat" gern verleugnet, erweisen sich die mathematischen Grundfunktionen des Messens, Zählens, Wägens auch für die Rechtskonstruktion als prinzipiell bedeutsam.

Dies erscheint selbstverständlich, soweit es sich etwa um die Berechnung von Geldsummen, Fristen, Terminen, Prozenten oder Bruchteilen handelt, so daß z. B. der längere Verzug eine höhere Summe an Zinsen bedingt und dies auch als Ausdruck der Gerechtigkeit empfunden wird.

Aber auch das „soziale Denken" orientiert sich weitgehend an rechnerischen Vergleichen, wenn z. B. das Einkommen eines Mannes seinen Verbindlichkeiten gegenübergestellt, oder wenn Wohnraum mit Kinderzahl, Urlaubsdauer mit der Zahl der Dienstjahre, Krankheitszeiten mit der Höhe von Beihilfen in Beziehung gesetzt werden.

Problematisch wird aber auch diese Art der Betrachtung, wenn Rechtserscheinungen, die an sich *keiner* zahlenmäßigen Fixierung zugänglich sind, rechnerisch bewertet, mit ähnlichen Erscheinungen summiert oder von ihnen subtrahiert werden und wenn daraus auf ein Überwiegen oder Fehlen, ein Genügen oder ein Übermaß an richtigem oder falschem Verhalten geschlossen werden soll: etwa bei der Beurteilung von Sorgfaltspflichten[10] oder von Mitverschuldensanteilen oder gar bei der höchstrichterlich angeordneten Abwägung von Verursachungsquoten im Rahmen des § 254 BGB[11]. Ähnliches geschieht, wenn der Wert der Haushaltsarbeit einer Ehefrau oder der Wert einer mißglückten Urlaubsreise in Ansatz gebracht werden. Hier fehlt es durchweg an der Möglichkeit der mathematischen Nachprüfung, weil die (obschon von den Gerichten mit großer Gewissenhaftigkeit vorgenommenen) Berechnungen sich bei genauerem Hinsehen durchweg als pauschale Schätzungen erweisen. Interessant ist auch, daß unser Zivilrecht eine rechnerische Parallele zwischen Verschuldenshöhe und Schadensersatzleistung *nicht* zuläßt, andererseits aber bei der Abwägung von Mitverursachung und Mitverschulden des Geschädigten eine solche Quotierung gesetzlich fordert.

Vor die Notwendigkeit gestellt, von Natur aus ganz inkommensurable Begriffe wie den der Schuld oder des Wertes der Mitarbeit eines Men-

---

[10] Trifft einen Familienvater mit 6 Kindern eine sechsmal höhere Sorgfaltspflicht als einen Vater mit einem Kind?

[11] Woran der BGH entgegen allen logischen Argumenten festhält und womit er den unteren Gerichten viele nutzlose Exerzitien abverlangt.

schen oder ganz allgemein des Wertes einer Persönlichkeit in praktischer Weise auf den monetären Generalnenner bringen zu müssen, läßt sich unser Recht wohl öfter dazu verleiten, auch das nicht Meßbare und nicht Zählbare als meßbar und zählbar zu behandeln. Dies wird auch kaum beanstandet, weil der Jurist und sein Publikum im Grunde gern die Gelegenheit ergreifen, die räumlich-anschauliche Hilfskonstruktion zu verwenden[12], um zu einem praktischen Ergebnis zu gelangen.

III. Die Kausalität

Mit der Anschauung von Raum und Zeit in notwendiger Weise verbunden und darum auch für das Rechtsdenken von grundlegender Bedeutung ist das Begreifen des Zusammenhangs von *Ursache und Wirkung*. Die Vorstellung vom Kausalzusammenhang beruht weder auf Naturgesetz noch auf Denkgesetz. Die Überzeugung von seiner Existenz bildet vielmehr eine dem menschlichen Urteilsvermögen *vorgegebene Grundanschauung*, die das Individuum erst zur denkenden Erfassung der Welt befähigt und ohne die ihm das Erkennen eines Sinnzusammenhangs der Erscheinungen nicht möglich wäre.

Diese Denkfigur ist schwierig zu beschreiben. Insbesondere ist die Art, wie sie die Ziviljurisprudenz für ihre speziellen Zwecke abgewandelt hat, nicht gerade leicht verständlich. Darüber darf aber nicht vergessen werden, daß es sich bei ihr um eine ganz grundlegende Kategorie des Verstehens handelt, die von allen Lebewesen in irgendeiner Art verwendet wird. Denn alles Sammeln und Speichern von Erfahrung in Natur und Zusammenleben führt zu der Wahrnehmung und dem Wissen, daß Ursachen zu Wirkungen führen, — daß man also Ursachen setzen muß, um nützliche Wirkungen zu erzielen, oder umgekehrt Ursachen vermeiden muß, um schädlichen Folgen zu entgehen. Alles Planen und Kräfte-Einsetzen des homo faber, alles Bauen, Wirtschaften, Versorgen, Kämpfen, Arbeiten beruht letzten Endes auf dieser Einsicht.

Ins Rechtliche übertragen dient das Kausaldenken zunächst jener ganz einfachen Grundlegung der Gerechtigkeit, wonach das Handeln eines Menschen auf die Verursachung von nützlichen oder schädlichen

---

[12] Danach wäre „Schuld" — worauf die Unterscheidung in leicht und schwer hindeutet — als eine Art Last zu begreifen, deren Gewicht man bestimmen muß, um ein gerechtes Urteil erzielen zu können.

Wirkungen hin beurteilt werden muß, — (nur der darf zur Bestrafung oder zum Schadensersatz herangezogen werden, der es tatsächlich „gewesen ist") — ferner auch dem Grundsatz, daß einem bestimmten Handeln eine bestimmte Rechtswirkung mit naturgesetzlicher Gewißheit zu folgen hat. Auch Begründung, Änderung oder Aufhebung von Rechten müssen die Folgen eines bestimmten Tuns oder Unterlassens sein. Sie müssen ebenso wie die gerichtlichen Entscheidungen gerechterweise mit einer dem Kausalzusammenhang gleichen Folgerichtigkeit und Gewißheit eintreten. Wo das nicht der Fall ist, beruht die Rechtsfolge nicht auf Recht sondern auf Belieben oder Willkür. Bemerkenswert ist nun, daß die schwierigen Formeln, die in der Rechtswissenschaft zur Kennzeichnung dieses Urteilsvorgangs erfunden wurden (die negativ konstruierte Conditio-sine-qua-non-Formel und die noch schwierigeren und in ihrer Verwendbarkeit zweifelhaften positiven Beschreibungen) den meisten unbekannt sind und daß dennoch die Feststellung oder Verneinung des Kausalzusammenhangs von allen höheren Lebewesen in irgendeiner Form getroffen werden. Auch das Tier muß in der Lage sein, die Ursachen für nützliche oder schädliche Ereignisse herauszufinden. Es muß sogar verstehen, aus einer Menge verschiedener Umstände, die der Ursächlichkeit für eine bestimmte Folge verdächtig sind, die wirklich ursächlichen zu erkennen. Die Formel, wonach das probeweise „Hinwegdenken" verschiedener Faktoren schließlich zur Auffindung desjenigen Umstands führt, der „nicht hinweggedacht werden kann, ohne daß der Erfolg entfiele", bezeichnet also ungeachtet der Komplikation der Formulierung einen höchst selbstverständlichen und daseins immanenten Urteilsvorgang.

Freilich führt die Suche nach der Ursache nicht nur zum *Fortschritt* in Technik, Medizin, Erziehung, Rechtswissenschaft und allen sonstigen Bildungsdisziplinen, sondern umgekehrt auch zum finstersten *Irrtum* und *Aberglauben*. Denn da es dem Menschen nicht in jedem Falle und da es vor allem nicht jedem beliebigen Exemplar seiner Gattung gegeben ist, biologische, medizinische, technische, historische, psychologische Zusammenhänge zu durchschauen, wird der Urteilende auf der Suche nach den wirksamen Umständen oft bei Dingen stehenbleiben, die nach seiner Meinung eben jene besonderen, vor einem Hintergrund unveränderter und üblicher Gegebenheiten ausnahmeartigen und daher ursächlichen Erscheinungen darstellen: der böse Blick, das Versäumnis in Opfer und Verehrung, der Sturz auf der Schwelle, oder, wenn gar nichts Konkretes mehr zu finden ist, Zauberei und Hexerei.

III. Die Kausalität

Die Ursache-Wirkung-Formel ist aber für das juristische Denken noch in anderer Beziehung von grundlegender Bedeutung. Im Zivilrecht gehört die Problematik der „überholenden" oder „hypothetischen Kausalität" zu den sehr intrikaten, immer noch nicht völlig beherrschten Beurteilungsvorgängen. Anderseits ist die hypothetische Betrachtung etwas, das der Ursache-Wirkung-Formel im innersten eigentümlich und also auch dem ganz schlichten Handeln und Sich-Verhalten jedes Menschen eingegeben ist und das somit das Rechtsdenken von Grund auf beeinflußt.

Einen Vorgang als ursächlich für einen Erfolg anzusehen, bedeutet immer unausgesprochen, daß ein anders gearteter, demnach „hypothetischer" Verlauf *mitgedacht*, durch die gesetzte Ursache jedoch als *ausgeschlossen* angesehen wird. Wer einen chemischen Stoff als schädlich für die Gesundheit bezeichnet, bringt zugleich seine Überzeugung zum Ausdruck, daß *ohne* Einwirkung *dieses* Stoffes die Gesundheit *nicht* geschädigt würde. Wäre dies nicht so, dann könnte die bewußte Ursache zumindest *nicht* als *alleinige* Bedingung für den Erfolg angesehen werden.

Das klingt einleuchtend und ergibt sich eigentlich schon aus der Formel von der conditio *sine qua non*, hält aber der tieferen philosophischen und theologischen Einsicht nicht stand. Denn einen *Beweis* dafür, daß der schadensfreie Verlauf wirklich stattgefunden *hätte*, kann es nicht geben, weil alles Geschehen einmalig, nicht umkehrbar und nicht wiederholbar ist. Der hypothetische Verlauf kann also allenfalls an *ähnlichen* Fällen wahrgenommen, im Untersuchungsfall jedoch nur *mitgedacht* werden. Darüber hinaus kann man der Überzeugung sein, daß alles, was geschieht, von schicksalhafter, determinierter Notwendigkeit ist, so daß ein Überdenken des hypothetischen Andersverlaufs zugleich Auflehnung gegen Schicksal und göttliche Fügung und damit im tiefsten Sinne Torheit oder Überheblichkeit ist.

Im modernen Leben wird nun diese der europäischen Geisteshaltung an sich ungewohnte, fatalistische Anschauung durch Statistik und zivilisatorische Erfahrung auf eigenartige Weise gefördert. Bei jedem Verkehrsunfall pflegt man einerseits durch Kausalitätsprüfung festzustellen, daß ohne die einzelne schädliche Ursache der schädliche Erfolg nicht eingetreten wäre. Anderseits beweist die Statistik, daß bei üblichem Verkehrsaufkommen eine bestimmte, im voraus zu schätzende, als solche demnach notwendige und bei Fortbestand allgemeiner Voraussetzungen nicht zu vermeidende Anzahl von Unfällen eintreten *muß*. — Ähnliches gilt, wenn einzelne Fehlleistungen des Menschen vor dem Hintergrund seines individuellen Lebenslaufs gesehen werden. So sehr im Einzelfall die Ursächlichkeit der menschlichen Verhaltensweise anzuklagen ist, so unumstößlich ist anderseits die Einsicht, daß *jedem* Menschen im Laufe seines Lebens oder seiner Berufstätigkeit mit sozusagen statistischer Notwendigkeit einmal ein Versagen unterlaufen *muß*.

Dabei läßt sich je nach Geringfügigkeit oder Bedeutsamkeit der Ereignisse ein Überwiegen der hypothetisch-kausalen oder der philosophisch-determinierten Beurteilung feststellen. Wer mit der Zigarette ein Loch in das Tischtuch brennt und dann darüber philosophiert, ob *ohne* diese Einwirkung die Tischdecke unversehrt geblieben *wäre*, wird seiner Mitwelt sonderbar erscheinen, weil hier die übliche Anschauung von der Richtigkeit des hypothetischen Andersverlaufs überzeugt ist. Wer dagegen allgemeinste Ereignisse wie Kriege, Wirtschaftskrisen, Niedergang von Bildung und Gesittung oder ähnliches auf ihre Ursachen hin untersucht und nachweisen will, daß ohne die von ihm angeschuldigten Ursachen diese Ereignisse nicht stattgefunden hätten, wird gerade aus dem entgegengesetzten Grunde auf Zweifel stoßen; denn hier neigt die allgemeine Meinung eher dazu, solche Geschehnisse als **schicksalsbedingt** und unvermeidbar anzusehen und das nachträgliche **Wenn** und **Aber**, **Hätte** und **Wäre** als überflüssig zu betrachten.

Der Jurist, in diese vexierende Zwiespältigkeit der Beurteilung gestellt, *muß* sich aus Gründen seiner ordnungssetzenden Aufgabe für die streng kausale und damit hypothetische Betrachtungsweise entscheiden. Er muß, wenn er seiner Funktion gerecht werden und vor sich und den anderen bestehen will, diese Spekulationen um Wenn und Aber sogar mit besonderem ethischen und moralischen Nachdruck vollziehen. Denn — und das ist eine weitere Variante dieses Fragenkomplexes — ohne die *Überzeugung*, daß richtiges und regelmäßiges Verhalten zum besseren Erfolg geführt *hätten*, erscheint keine ordnende und planende Tätigkeit und damit auch keine Rechtsanwendung sinnvoll. Jedes Denken in Verantwortlichkeiten und umgekehrt jedes Anbringen von Vorwürfen wegen mangelnder Pflichterfüllung und mangelnder Rücksichtnahme auf die Interessen anderer setzt die Überzeugung voraus, daß bei *Beachtung* solcher Pflichten die Zustände gebessert worden *wären*, daß sie durch *Mißachtung* aber verschlechtert worden *sind*. Erst auf dieser Grundanschauung von der *Wirksamkeit* des *pflichtgemäßen* Handelns bauen sich alle Konstruktionen in Recht und Gesetzen und die Regeln der Rechtsanwendung auf. Das Umgehen mit dem „Hättest du doch!" oder „Hättest du doch nicht!", so überflüssig es im täglichen Leben oft erscheinen mag, ist ein Lebenselement der Jurisprudenz.

IV. Logik, Argumente, Gesichtspunkte

Ausgerüstet mit seinem Ordnungsbemühen und mit der Fähigkeit der Erfassung geistiger Gegenstände mittels räumlich-zeitlicher Vorstellung, ferner begabt mit dem Streben, die Lebenserscheinungen als Ursachen oder Wirkungen in einen notwendigen Sinnzusammenhang mit anderen Ereignissen und Phänomenen zu sehen, tritt der Mensch der unübersehbaren Vielfalt der Natur- und Sozialvorgänge gegenüber und bemüht sich, Normen und Regeln zu setzen, die gesetzten Regeln wiederum sachgemäß auszulegen und anzuwenden und zugleich zu prüfen, ob seine Auslegung und der Bestand der Normen selbst dem ihm eingegebenen Ideal der Gerechtigkeit und Billigkeit entsprechen.

Welches weitere Instrumentarium des Geistes steht ihm hierzu zur Verfügung? Welches sind die Denkvorgänge, die zu bewältigen sind, — welches die Kontrollfunktionen, die von Verstand und Gefühl in Richtung auf die Herbeiführung eines „richtigen" Ergebnisses ausgeübt werden? Unsere Untersuchung gerät mit diesen Fragen auf ein vielfältig bestelltes Gebiet. Insbesondere über die Auslegung und Anwendung von Rechtssätzen, über die Arbeit mit Begriffen und deren Einfügung in Systeme und über die Rolle der Logik innerhalb der juristischen Denkleistung ist Wesentliches ermittelt und Grundsätzliches gesagt worden. Dabei sind unter Logik nicht nur die Grundformen des Schließens und Beweisens zu verstehen, sondern auch jene Figurationen gedanklicher Bewegung, deren Darstellung in das Gebiet der Rhetorik hinüberführt, die aber für die theoretische und praktische Jurisprudenz von großer Wichtigkeit sind: etwa die Verwendung des Analogieschlusses, des Umkehrschlusses, der Argumente a maiore oder ad absurdum[13]. Dem soll an dieser Stelle im einzelnen nicht nachgegangen werden. Bemerkenswert für unser Thema ist jedoch die sich allenthalben durchsetzende Einsicht, daß eine rein formale, gewissermaßen

---

[13] Hierüber z. B. *Canaris*, a.a.O., S. 22 ff.; *Engisch*, Einführung in das juristische Denken, S. 142 ff. mit vorzüglichen Beispielen. — *Klug*, Juristische Logik, 2. Aufl. 1958, nennt diese Gedankenfiguren die „speziellen Argumente der juristischen Logik", S. 101.

automatische Anwendung der logischen Mechanismen in der Rechtsdiskussion nicht möglich ist. Die eigentlich entscheidende Frage lautet vielmehr, ob Analogieschluß oder Umkehrschluß, ob das argumentum ad maioren oder a maiore im gegebenen Falle zulässig sind und zu angemessenen Ergebnissen führen[14].

Wie die gedanklichen Mechanismen im einzelnen funktionieren, ist noch kaum geklärt. Wenn in § 300 BGB und anderswo z. B. steht, daß jemand „nur Vorsatz und grobe Fahrlässigkeit zu vertreten" habe, dann folgt daraus e contrario, daß der Betreffende nicht für leichte oder leichteste Fahrlässigkeit und ad maiorem „erst recht nicht" für Zufall haftet.

Nicht gerechtfertigt wäre dagegen die Folgerung: wenn das Vollrecht „Eigentum" vererblich ist, dann muß dies erst recht für den Nießbrauch als ein beschränktes dingliches Recht gelten. Hier ist vielmehr etwas anderes bestimmt (§ 1061 BGB), und zwar, wie man zur Begründung sagen müßte, weil hier *andere* Erwägungen den Ausschlag gegeben haben.

Wenn jemand aus dem Satze „Der gutgläubige Erwerb des *Eigentums* vom Nichtberechtigten ist *möglich*" den „Umkehrschluß" zöge, daß der gutgläubige Erwerb einer *Forderung* vom Nichtberechtigten *nicht* möglich sei, so träfe er zwar im Ergebnis das Richtige, — jedoch liegen die Gründe dafür außerhalb des logischen Schlußverfahrens, das als solches für die Entscheidung der Frage ganz ungenügend erschiene.

Hieraus ergibt sich die Folgerung, daß die logischen Figuren nicht aus sich heraus erkennen lassen, ob sie im gegebenen Fall verwendbar sind, sondern daß sie ihrerseits durch Leitvorstellungen und Beurteilungsmaximen ausgewählt, eingesetzt und gesteuert werden. Erst dadurch wird ihre Anwendung erwünscht und sinnvoll.

---

[14] Über die Unsicherheit der Handhabung der Logik in der Jurisprudenz vgl. auch *Brusiin*, a.a.O., S. 100 ff.; skeptisch insbesondere E. *Ehrlich*, Die juristische Logik, 2. Aufl. 1925, S. 288 ff., S. 299, S. 314. — Auch *Engisch*, a.a.O., S. 145, sagt, daß es „nicht mit der reinen Logik getan ist". Ebenso *Esser*, Vorverständnis und Methodenwahl in der Rechtsfindung, 1970, S. 77. Im gleichen Sinne *Kriele*, Theorie der Rechtsgewinnung, 1967, S. 53: „Die Möglichkeit widersprechender Ergebnisse wird sich in der Regel nicht ausschließen lassen", S. 140: „Juristische Argumente sind nicht deduktiv beweisbar." — R. *Schreiber*, Logik des Rechts, Berlin - Göttingen - Heidelberg 1962, bezeichnet diese Schlußregeln (Analogie, Umkehr, a maiore, a fortiori, usw.) für die rechtliche Diskussion überhaupt als unzulässig, da die Richtigkeit des Ergebnisses nicht auf dem betreffenden Schlußverfahren beruhe (S. 47, 96).

IV. Logik, Argumente, Gesichtspunkte

Was aber gibt dafür den Ausschlag? Nach heutiger Ansicht ist es ganz allgemein gesprochen das „teleologische" oder „Wertungsdenken", das diese Steuerungsfunktion erfüllt. Ohne Übereinstimmung mit einem solchen vorrechtlich funktionierenden Wertverständnis kann kein logisch oder deduktiv gewonnenes Ergebnis bestehen. Man darf also annehmen, daß die *Suche* nach einer billigen Regelung oder Entscheidung und die Wahl der dazu erforderlichen Methoden bereits durch ein „Vorverständnis" wertbezogener Art geleitet werden[15].

Schwierig ist es jedoch, die maßgebenden „Werte" so deutlich zu bezeichnen, daß sie als wirkliche Leitvorstellungen anerkannt und nachgewiesen werden können[16]. Wenig überzeugend sind die sehr allgemeinen Begriffe, die zu diesem Zwecke in der Literatur verwendet werden, — etwa der „Rechtsmoral" oder des „geltenden Rechtsethos" oder der „Natur der Sache" oder der „geltenden standards" oder des „Sinns der Rechtsordnung". Denn alle diese — in ihrer Allgemeinheit an sich zutreffenden — Formulierungen veranlassen nur die weitere Frage, *was* denn im gegebenen Falle ihr Sinn und Inhalt ist.

Stattdessen erscheint es erfolgversprechender, zunächst jene Denkanstöße auf ihre Bedeutsamkeit hin zu prüfen, die man als „Gesichtspunkte" oder mit einem wieder modern gewordenen Begriff als „topoi" bezeichnet[17] und die auf die Auswahl der logischen und eristischen Beweismittel und damit auf die Richtung, in die sich die Argumentation bewegt, maßgebenden Einfluß ausüben. Man könnte zu ihrer Kennzeichnung auch von „Gründen" oder „Argumenten" sprechen.

Ob zwischen „Grund", „Argument", „topos" oder „Gesichtspunkt" wesentliche Unterschiede bestehen, mag zweifelhaft sein[18]. „Grund" und

---

[15] *Esser*, Vorverständnis, bes. S. 6, 133 ff., 159 ff. — P. *Kretschmar*, a.a.O., S. 44: Die Freirechtsschule übersehe, „daß die Wahl der Begriffselemente für die Konstruktion von teleologischen Erwägungen geleitet wird, da ja diejenige Konstruktion zu suchen ist, welche die sozial wertvollsten Ergebnisse liefert, die nach dem Ineinandergreifen der Gesetzesbestimmungen möglich sind".

[16] Die Forderung nach Objektivität durch „Offenlegen der erforderlichen und der tatsächlich erfolgenden Wertungen" erhebt in diesem Zusammenhange *Friedrich Müller*, Juristische Methodik, Berlin 1971, S. 121, 122.

[17] *Viehweg*, Topik und Jurisprudenz, München 1953. — *Engisch*, a.a.O., S. 189 ff., — *Kriele*, a.a.O., S. 114 ff., 141, 144/5, 149. — *Larenz*, Methodenlehre der Rechtswissenschaft, 2. Aufl. 1969, S. 150 ff., — *Esser*, a.a.O., S. 151 ff.

[18] Daß „Grundsätze" nicht dasselbe wie „Gesichtspunkte", „topoi" oder „Leitsätze" sind, sagt *Viehweg*, a.a.O., S. 75. Auf die Schwierigkeit, die Bedeutung des juristischen topos im Sinne Viehwegs genau zu ermitteln, weist *Larenz*, a.a.O., S. 153 hin.

„Argument" dürften in ihrer Bedeutung etwas allgemeiner sein als „Gesichtspunkt". Man könnte als *Grund* für die Nichtigkeit einer Kündigung ansehen, daß die Kündigung eine soziale Härte darstelle. Als *Gesichtspunkte* oder *topoi* für diese Feststellung würden dann Alter, Kinderzahl, Dauer der Betriebszugehörigkeit usw. fungieren[19].

„Gesichtspunkt" scheint in seiner ursprünglichen Bedeutung eher auf einen *Ort* hinzuweisen, von dem aus ein Teil einer Landschaft betrachtet werden kann, dergestalt, daß von einer Stelle aus diese und von anderer Stelle aus jene Einzelheiten der Gegend zu erkennen sind. Die übertragene Bedeutung, in der das Wort heute durchweg verwendet wird, meint eine Denkeinheit, durch deren Gebrauch eine Erweiterung der Urteilsfähigkeit und eine Vertiefung und Abrundung des Denkergebnisses herbeigeführt werden. Wer viele Gesichtspunkte oder topoi zu erkennen und anzuführen weiß, dessen Urteil gilt als zuverlässiger, reifer und vertrauenswürdiger als das eines anderen, der „alles über einen Leisten schlägt".

„Gesichtspunkte" sind für jede Entscheidung maßgebend und je nach der Bedeutung des Beurteilungsobjekts von größerer oder geringerer Gewichtigkeit. Wer sich fragt, ob er spazierengehen oder lieber zu Hause bleiben soll, wird u. a. das Wetter, die Landschaft, seine Arbeit oder den Zustand seiner Schuhe als Urteilsfaktoren verwenden. — Wer zivilrechtliche Fälle zu lösen hat, zieht z. B. die Prinzipien des Vertrauensschutzes, der Abstraktheit des dinglichen Rechtsgeschäfts, des Gläubiger- oder auch des Schuldnerschutzes, der Schadenszuständigkeit, der wirtschaftlichen Übermacht, des arglistigen Verhaltens usw. für seine Beurteilung heran. — Wer einen Staatsvertrag oder eine Kriegserklärung zu beschließen hat, wird noch allgemeinere, weiterreichende Gedanken und Zweckerwägungen als Entscheidungsgesichtspunkte zu beachten haben: die historische oder geographische Lage, die militärische Situation, die Produktivkraft des Volkes, die Ehre und die Sicherheit des Staates.

---

[19] Auch die Abwägung von „Interessen" im Sinne der Tübinger Schule läuft, was *Hubmann*, AcP 155, S. 85 ff., zum Gegenstand eingehender Untersuchungen gemacht hat, letzten Endes auf eine *Bewertung* der Interessen und auf die Feststellung eines zwischen ihnen bestehenden *Rangverhältnisses* hinaus. Diese Bewertung aber vollzieht sich, wie der Verfasser sagt (S. 133), nach „Grundsätzen", deren Aufführung einen „Katalog von Gesichtspunkten" zur Verwendung des Richters liefern soll. — Vgl. zur Frage der Interessenwertung auch *Engisch*, a.a.O., S. 180 ff., (186). Ein „kausales Rechtsdenken" führe zu einer „Bewertung" der Interessen.

IV. Logik, Argumente, Gesichtspunkte 27

Es zeigt sich also, daß „topoi" sowohl aus den einfachsten Lebensfakten wie Essen, Trinken, Regen, Sonnenschein, Arbeit, Gesundheit und Vergnügen wie auch aus den obersten geistigen Prinzipien der Freiheit, des Staatswohls, der Religion oder der Menschenliebe hergeleitet werden können. Sie sind von unübersehbarer Vielfalt, in ihrer Anzahl unbegrenzt und in ihrer Existenz und Neubildung so wenig zu übersehen, wie die Zukunft und die Entstehung neuer Probleme und veränderter Verhältnisse vorhergesagt werden könnten. Sie pflegen nicht selten im Verlaufe eines halben Jahrhunderts in ihr volles Gegenteil umzuschlagen: wo früher die Vermehrung der Bevölkerung Grundsatz war, ist heute die vorsichtig betriebene Einschränkung der Geburten das Ziel. Wo ehedem die nationale Machtexpansion betrieben wurde, ist heute das geflissentliche Sich-Vertragen und Zusammenarbeiten die Parole. Ähnliches gilt von der Erschließung und Besiedelung des Landes, der Kindererziehung, der Wertschätzung des Besitzes oder des guten Essens und Trinkens, der Bildung, der Künste, der Sexualität usw.

Auch im Zivilrecht, das an sich für Zeitströmungen als nicht besonders empfindlich gilt, läßt sich ein solcher Wandel von Beurteilungsgrundsätzen erkennen:

Das Gesetz selbst ist seiner Herkunft und grundsätzlichen Einstellung nach ein den *Gläubiger* schützendes Recht. Im Laufe der Zeit sind dagegen mannigfaltige Bestrebungen zum Schutze des *Schuldners* wirksam und zum Teil selbst wieder Gesetz geworden.

Im Recht der Sicherungsverträge streiten die Tendenzen des Gläubigerschutzes und der Erhaltung der einheitlichen Rechtszuständigkeit an der verarbeiteten Sache um den Vorrang.

Ähnliches gilt etwa für die Frage, ob die Ehefrau vorwiegend im Haushalt oder im Beruf tätig sein soll, für die Grundsätze der Vergütung von Kraftfahrzeugschäden, für den Umfang des allgemeinen Persönlichkeitsrechts, den Schutz der Intimsphäre usw.

Also läßt sich — und das macht jede Bemühung, ein festes *System* der Beurteilungsgesichtspunkte oder gar einen entsprechenden Urteils*mechanismus* erkennen zu wollen, aussichtslos — weder für alle Zeiten ein Katalog aller topoi aufstellen, noch läßt sich für immer abschätzen, in welchem Rang und Wert diese Faktoren im Verhältnis zueinander stehen. Es gibt hier allenfalls zeitbedingte Abstufungen. Für

IV. Logik, Argumente, Gesichtspunkte

die Gegenwart können die maßgebenden Kategorien ungefähr festgestellt und bewertet werden. Bei dem Versuch, etwa die Gesichtspunkte von Entscheidungen der Vergangenheit auffinden zu wollen, ist bereits zu bemerken, daß sich die maßgebenden Urteilsfaktoren zu einem großen Teil im Dunkel der Zeit verloren haben. Für die Zukunft das Bestehen oder Neuentstehen solcher Wertungsfaktoren voraussagen zu wollen, wird sich niemand unterfangen können.

Als weitere Schwierigkeit kommt hinzu, daß topoi kaum jemals „auf eine Linie zu bringen" sind, sondern sich zu widersprechen und sich gegenseitig zu entkräften pflegen. Es läßt sich sogar sagen, daß es zu jedem Gesichtspunkt mit Notwendigkeit einen Gegengesichtspunkt gibt, der aus der speziellen Eigenart des ersteren selbst stammt und als dessen „Vorteilsschwäche" fungiert.

Aus dem Prinzip des Minderjährigenschutzes folgt z. B. unmittelbar und im Sinne einer „Kehrseite der Medaille", daß der entstehende Schaden dann von einem möglicherweise schuldlosen Dritten getragen werden muß. Auch ist die Erwägung zu beachten, daß der Heranwachsende mit dem Abschluß von Rechtsgeschäften allmählich selbst vertraut werden sollte, wozu es lebensmäßig nun einmal gehört, daß man — in angemessenem Umfange — „durch Schaden klug wird".

Was die Einhaltung von gesetzlichen Formvorschriften betrifft, so plagt sich die neuere Rechtsprechung mit dem Einwand herum, daß die Formenstrenge im Einzelfall zu großen Härten führen könne und daß solche Härten beseitigt werden müssen. Dem ist entgegen zu halten, daß ohne solche Härten die allgemeine Aufmerksamkeit für die Beachtung solcher Regeln nicht zu erreichen ist. Oder — ein Beispiel aus einem Fragenkreis, der außerhalb des positiven Rechts steht und aus freier Billigkeitserwägung entschieden werden muß: Ist es im Rahmen der Gefälligkeitshaftung richtig, daß der Gefälligkeits*empfänger* die entsprechenden Aufwendungen oder Schadenslasten des Gefälligen tragen muß, weil er dessen Leistungen kostenlos empfing? Oder ist es nicht Sache des Hilfsbereiten, in Konsequenz seiner altruistischen Tätigkeit die Folgen seiner Handlung selbst zu tragen?

Dem Gesichtspunkt des Schuldnerschutzes steht der der Gläubigerbenachteiligung gegenüber, dem Vertrauensschutz des Kunden die unverschuldete Benachteiligung des Geschäftsherrn, der Relativität des Schuldverhältnisses die Schutzlosigkeit der Forderung gegenüber Beeinträchtigungen von dritter Seite.

IV. Logik, Argumente, Gesichtspunkte

Auch besteht beim juristischen Gebrauch der topoi eine eigentümliche *Gefahr* des *Übermaßes*. Zwar wurde oben gesagt, daß sich ein abgewogenes, umsichtiges Urteil dadurch auszeichne, daß eine Mehrzahl von Gesichtspunkten darin verarbeitet worden sei. Andererseits macht eine zu große Menge solcher Urteilsfaktoren die Entscheidung undurchsichtig und willkürlich. Eine solche Verwirrung, was Zahl und Wert der verwendeten Gesichtspunkte betrifft, wird oft durch die einerseits weise, andererseits nichtssagende Bemerkung gefördert, es seien „alle Umstände des Falles zu berücksichtigen und gegeneinander abzuwägen".

Ein Beispiel dafür bildet die neuere Dogmatik zur Haftungsbeschränkung bei gefahrgeneigter Arbeit. Hier sollen — so ungefähr die Grundsätze von BGH und BAG — einerseits die Gefahrgeneigtheit der Tätigkeit, andererseits auch der Grad des Verschuldens des Beschäftigten, dazu aber auch alle sonstigen Umstände wie Alter, Dauer der Betriebszugehörigkeit, Familienverhältnisse, Höhe des Arbeitsentgelts, Schadenshöhe usw. zu beachten und abzuwägen sein. Jeder Versuch, eine solche Berechnung exakt und für andere einsehbar zu vollziehen, muß scheitern, weil der menschliche Verstand nicht ausreicht, um eine solche Vielzahl von Faktoren zu einer verbindlichen Unterscheidung, Wertung oder gar Bezifferung zu verarbeiten[20].

Eine ähnlich schwierige Aufgabe stellt § 626 Abs. 1 BGB in seiner jetzigen Fassung:

> Das Dienstverhältnis kann von jedem Vertragsteil aus wichtigem Grund ohne Einhaltung einer Kündigungsfrist gekündigt werden, wenn Tatsachen vorliegen, auf Grund derer dem Kündigenden unter Berücksichtigung aller Umstände des Einzelfalles und unter Abwägung der Interessen beider Vertragsteile die Fortsetzung des Dienstverhältnisses bis zum Ablauf der Kündigungsfrist oder bis zu der vereinbarten Beendigung des Dienstverhältnisses nicht zugemutet werden kann.

Auch die hier geforderte Ermittlung der „Zumutbarkeit" ist von so viel Faktoren abhängig gemacht, daß eine Klarlegung und Rechtfertigung des Urteilsvorganges kaum noch möglich ist und das Urteil mithin — paradoxerweise, obwohl es der Gesetzgeber so gut gemeint hatte! — den Charakter der Unnachprüfbarkeit und Beliebigkeit erhält[21].

---

[20] Vgl. *Rother*, Haftungsbeschränkung im Schadensrecht, 1965, S. 263/4.
[21] Vgl. zu dieser Vorschrift auch *Esser*, a.a.O., S. 172. Der rechtstechnische Begriff der Kündigung aus wichtigem Grund sei „in offene Bewertungen aufgelöst" worden.

IV. Logik, Argumente, Gesichtspunkte

Mag somit gegen den Glauben an die rechtsentscheidende Kraft der topoi eine gewisse Skepsis am Platze sein, die uns auch dazu veranlassen wird, im folgenden nach weiteren, tiefer liegenden Denk- und Entscheidungsfaktoren zu suchen, so ist doch anderseits nicht zu übersehen, daß der rechte Gebrauch von „Gesichtspunkten" eine sehr wesentliche Voraussetzung für Qualität und Erfolg jeder juristischen Denkarbeit ist. Während die bloße begriffliche Ableitung des Ergebnisses aus Obersätzen, (wäre sie in ausschließlicher Form überhaupt möglich), die juristische Darlegung eintönig und unverständlich machen würde, wirkt der Gebrauch der topoi in der Rechtserörterung belebend, überzeugend und (in gewissem Sinne) „wissenschaftlich". Denn die Aufführung verschiedener Argumente, ihre Erörterung, Infragestellung, Billigung oder Ablehnung stellt eben jene oft beschworene „Transparenz des Ergebnisses" her, auf die es dem modernen Rechtspublikum so ankommt. Die juristische Darlegung — es mag sich um eine wissenschaftliche Abhandlung, einen Anwaltsschriftsatz, eine Gerichtsentscheidung oder eine Gesetzesbegründung handeln, muß es verstehen, mit Argumenten und Gegenargumenten, mit dem Einerseits — Anderseits, mit Hätte und Wäre so beweglich und souverän wie möglich zu arbeiten, muß sich mit zahlreichen hypothetischen Einwendungen auseinandersetzen und der Gegenauffassung mit wesentlicheren Gesichtspunkten zuvorzukommen suchen, um schöpferisch und überzeugend zu wirken.

Man weiß, daß sich die Arbeitseinstellung und die Schreibweise des Anfängers gerade in diesem Punkte von der des gereiften Juristen nachteilig unterscheidet. Der Student meint immer, ihm werde durch die Jurisprudenz die Fertigkeit vermittelt, jeden Fall durch eine passende Vorschrift oder Lehre zu lösen, — und wo dies nicht möglich sei, müßten aus eingelernten Präjudizien entsprechende Ersatzregeln entnommen werden. Daß er anstatt in einen solchen geruhsamen Regelmechanismus bei jedem zweiten Fall auf die ungewisse Bahn fließender Unterscheidungen und ambivalenter Problemerörterungen gerät, macht ihn verdrießlich. Darum unterläßt er aus Unverstand oder Bequemlichkeit die sachgemäße Verwendung der Argumente, so daß seinen Ausführungen jene innere Spannung und Verteilung von Licht und Schatten, jenes dialektische Voranschreiten über Behauptung, Gegenbehauptung, Beweis bis hin zur fertigen Meinung oder Entscheidung fehlen, die gerade den Wert und das Interesse einer guten rechtswissenschaftlichen Darstellung ausmachen. Die Langeweile, die sich aus mangelhaften Erzeugnissen der genannten Art verbreitet, wirkt über Generationen hinaus ansteckend und verdirbt ganze Epochen juristischer Literatur.

V. Das Abwägen von Argumenten

Es ist fortzufahren mit der Behandlung unserer Generalfrage: Auf welche Weise erkennt der Jurist, was billig, angemessen, tragbar oder im weitesten Sinne gerecht ist, und wie gelangt er damit zu einer rechtlichen Meinung oder Entscheidung?

Diese Erkenntnis benötigt er nicht nur bei der Neuschaffung von Rechtsregeln und bei der Korrektur oder Ergänzung des geschriebenen Rechts, sondern auf ausdrückliche Anweisung des Gesetzgebers auch dann, wenn ihm in einer Vorschrift die Entscheidung nach „billigem Ermessen" oder nach „Treu und Glauben" aufgegeben oder die „Vermeidung von sozialen Härten" zur Pflicht gemacht ist.

Der solcherart auf sich selbst gestellte Jurist hat, wie es scheint, nur die Möglichkeit, in der eigenen Brust nach Unterscheidungen oder Maximen zu forschen, die eine gerechte Lösung zu begründen vermögen. Er muß aber — und das macht an der Richtigkeit des eben Gesagten zweifeln — eine Entscheidung finden, die nicht etwa nach Willkür ergeht, sondern die jene Bestätigung aus allgemein verbindlichen Anschauungen erhält, die das Wesen einer Rechtsentscheidung ausmacht. Der Jurist benötigt mithin Stützen oder Anhaltspunkte für sein Urteil, die außerhalb seiner selbst liegen. Er muß sich halten oder anlehnen an das, was in der allgemeinen Meinung als Inbegriff gerechten Denkens und Handelns angesehen wird[22].

Dazu dienen ihm, wie beschrieben, die logischen Denkfiguren und die Gesichtspunkte (topoi) als Beurteilungshilfen. Diese jedoch sind oft schwierig zu handhaben und führen nicht immer aus sich heraus zu einem Ergebnis[23]. Infolgedessen ist weiter zu fragen, was der Urteilende mit den sich möglicherweise widersprechenden Gesichtspunkten anfängt und wie er über sie hinaus zu einem im oben verstandenen Sinne billigenswerten Resultat gelangt.

---

[22] *Esser*, a.a.O., S. 137, spricht von einem „Erwartungshorizont", aus dem der Rechtsanwendende nicht heraustreten könne. Die Erwartung beziehe sich auf den „Konsens" der Gesellschaft zu einer „vernünftigen Entscheidung".

[23] *R. Zippelius*, Das Wesen des Rechts, München 1965, S. 67, zur Topik: „Sie will und kann nur Gesichtspunkte, Topoi, für die Erschließung von Gerech-

V. Das Abwägen von Argumenten

Der Vorgang, der sich hier im Geiste des Urteilenden vollzieht, kann nicht besser als mit dem Wort bezeichnet werden, das dafür seit jeher üblich ist: Der Jurist hat „*abzuwägen*". Das heißt, er hat eine Prüfung und Bewertung derjenigen Gründe und Argumente vorzunehmen, die ihm aus dem Gesetz oder aus der allgemeinen Billigkeitsbetrachtung erwachsen, — mit dem Ziel, einem oder mehreren dieser Gründe zu folgen, die übrigen zu verwerfen[24].

Bei der Kennzeichnung dieses Vorgangs bleibt die Beschreibung wiederum dem räumlich-physikalischen Denken verhaftet. Es müssen Gründe und Gegengründe ähnlich wie körperliche Gegenstände aufgesucht, gesammelt und auf ihren Wert geprüft werden. Das kann nur wieder so vor sich gehen, daß — dem Bild der Waage entsprechend — vom Urteilenden der eine Grund für „schwerwiegender" befunden wird als der andere oder daß eine Summierung von Gesichtspunkten auf der einen Seite überzeugender wirkt, als es die geringere Zahl von Gegenargumenten auf der anderen Seite tut. Gewiß wird der Richtende dies nicht „bewußt" in dem Sinne exerzieren, daß er jedesmal ein Gewicht der einzelnen Gründe festsetzte und addierte oder die Argumente auszählte[25]. Interessanterweise wird aber in der Rechtssprache das Bild von der Waage immer wieder sichtbar, etwa wenn der Urteilende findet, daß im gegebenen Falle ein Prinzip gegenüber dem anderen „überwiege", „schwererwiegend", „wichtiger" oder „ausschlaggebend" sei oder „Präponderanz" besitze.

Daneben stehen allerdings für die Kennzeichnung des Urteilsablaufs noch andere Bilder zur Verfügung: daß etwa ein Argument dem anderen „vorgehe", daß es „Vorrang besitze", „in erster Linie beachtet werden müsse", daß es „vorzuziehen" oder, ins Militärische übergehend, daß es „schlagend" und seinerseits „nicht zu schlagen" oder „unangreifbar" sei und gegen alle Angriffe „das Feld behaupte". Damit wird aber

---

tigkeitsproblemen liefern, kann aber von sich aus kein Richtmaß dafür geben, warum es gerecht sei, gerade diesen oder jenen Faktor zu berücksichtigen."

[24] Hierzu H. *Hubmann*, Die Methode der Abwägung. Festschrift für Schnorr von Carolsfeld, 1973, S. 173 ff. — *Larenz*, Methodische Aspekte der „Güterabwägung", Festschrift für Ernst Klingmüller, Karlsruhe, 1974, S. 235 ff., besonders S. 235, 237, 246 - 248. — *Friedrich Müller*, Juristische Methodik, S. 44 ff., im besonderen Hinblick auf das Verfassungsrecht; in kurzem Aufriß auch bereits H. *Coing*, Die juristischen Auslegungsmethoden und die Lehren der allgemeinen Hermeneutik, Köln, Opladen, 1959, S. 50.

[25] Überzeugend *Larenz*, Festschrift für E. Klingmüller, S. 247, gegen *Hubmann* in Festschrift für Schnorr v. Carolsfeld, 1973, S. 173 ff.

V. Das Abwägen von Argumenten

— bei gleicher Anschaulichkeit der Aussage — bereits ein *Ergebnis* mitgeteilt. Fragt man nach den Gründen dieser Behauptung, so kann der entsprechende Rang im Register oder in der Sitzordnung oder der Sieg auf dem imaginären Schlachtfeld einem Argument nur deshalb zugefallen sein, weil es *inhaltlich „gewichtiger"* war als die anderen.

Hier ist der Fortgang der Erörterung erneut zu unterbrechen und eine Einschränkung zu machen. Es sind Fälle denkbar, in denen es — obwohl die Entscheidung nach Ermessen oder freier Rechtsschöpfung ergehen soll — einer *Abwägung* von Gründen *nicht bedarf*.

Der Hauptfall ist der, daß eine *Autorität* diese Abwägung schon vollzogen und das Ergebnis verbindlich mitgeteilt hat[26]. Die Autorität ist entweder das Gesetz selbst oder die Verfassung des Landes oder eine aus anderen Quellen entstandene rechtsähnliche Instanz: Gewohnheit, Sitte, Brauch, auch Präjudizien oder eine als verbindlich anzusehende Meinung von Kapazitäten. Aber auch bei der „freien", ihm ausdrücklich überlassenen Entscheidung oder bei der Herausbildung neuer rechtlicher Sentenzen ist der Jurist bemüht, seine Ansicht an schon vorliegende Rechtserkenntnisse anzulehnen und sie durch diese abzusichern. Man kann dies als einen Beweis für die echt wissenschaftliche Redlichkeit und Bescheidenheit dieser Berufsgattung oder auch als den Ausdruck ihrer Ängstlichkeit oder ihres Mangels an Originalität ansehen. Richtig ist so viel, daß der am Recht Arbeitende vor der unübersehbaren Fülle seines Stoffes wie auch vor der Menge der gegebenen Urteils- und Betrachtungsmöglichkeiten gern den Schutz des Vorgedachten aufsucht, um, wenn ihm schon selbst eine unangreifbare Lösung nicht gelingen sollte, wenigstens als gewissenhaft und umsichtig in der Auswertung *anderer* juristischer Denkleistungen angesehen zu werden[27].

Dabei erwächst dem Urteilenden noch eine weitere Hilfe. Nicht nur die Autorität im Sinne einer *übergeordneten* Geistesinstanz ist zu beachten, sondern auch die *freie Willensentscheidung* des dem Urteil unterworfenen Rechtssubjektes selbst, die zu respektieren zumal der Ziviljurist verpflichtet ist. Nach dem hintersinnigen Satze „volenti non fit iniuria" darf der Richter dann, wenn eine Person den mit einem Rechtshandeln verbundenen, ihr nachteiligen Erfolg gebilligt oder in

---

[26] Über den Einfluß von Autoritäten auf das juristische Denken vgl. neuerdings *K.-H. Strache*, Das Denken in Standards, 1967, S. 108 ff.

[27] Der Jurist „will das für den Fall geltende Recht lieber finden als erfinden", (*Th. Geiger*, Vorstudien zu einer Soziologie des Rechts, 1964, S. 255).

Kauf genommen hat, dieses Ergebnis ohne weitere Begründung bestätigen. Es genügt und erweist sich als überzeugend im Sinne einer notwendigen negativen Folge der dem Individuum zugestandenen Freiheit, daß der Betreffende nachweislich die Rechtsfolge so gewollt und gebilligt hat, wie sie eingetreten ist.

Der Jurist — oder besser gesagt, eine ganze Epoche der Jurisprudenz — hat es verstanden, diesen wünschenswerten Vorteil des Gedecktseins der Entscheidung durch den Willen des Beteiligten zu nutzen und mitunter auf erstaunlich unbefangene Weise eigens zu konstruieren. Auch wenn die Streitpartei nachdrücklich versichert, an einen Haftungserfolg, wie er ihr angesonnen werde, überhaupt nicht gedacht zu haben, macht dies den Rechtskundigen nicht irre. Der Beklagte, so etwa folgert er, habe als redlicher Partner — und das zu sein, wolle er doch wohl nicht bestreiten — eine Bezahlung, Haftung oder sonstige Verpflichtung ins Auge fassen *müssen*, weil dies unter den gegebenen Umständen recht und billig gewesen sei, und also könne man davon ausgehen, daß er dieses Ergebnis auch *gewollt* habe.

Eine solche Argumentationsweise ist nicht ohne tieferen Humor. Denn zur Begründung seiner Entscheidung aus dem Willen des *Subjekts* muß der Jurist eben jene Argumente aus der *objektiven* Billigkeit heranziehen, deren Benutzung er gerade vermeiden und zu deren Gewinnung er es nicht wagen wollte, die offene See der freien Rechtserörterung aufzusuchen.

Schon in solchen Fällen der fälschlichen Herleitung des Ergebnisses aus dem Konsens des Benachteiligten und erst recht bei den vielen anderen Gelegenheiten, bei denen die Findung des Rechts aus der pflichtgemäßen Entscheidung des Urteilenden vorgeschrieben ist und *keine* Autorität ihm diese Entscheidung abnimmt, muß der Jurist in Wahrheit durch eigene Handhabung von Gründen und Argumenten zum Ergebnis kommen.

Wie aber geschieht das?

VI. Die Belastbarkeit des einzelnen

Die Frage, *wie* Gesichtspunkte zu *bewerten* sind und damit zu ihrer Funktion als *Gewichte* der Abwägung geeignet werden, kann nicht nur durch Betrachtung der Gesichtspunkte selbst beantwortet werden. Festzustellen ist anderseits, daß die Unterscheidung des größeren oder

VI. Die Belastbarkeit des einzelnen

geringeren Gewichts von Argumenten von allen an einer Rechtserörterung Beteiligten eifrig und mit großer Unbefangenheit vollzogen wird. Das kann, da eine feste Tabelle des Wertes der topoi nicht besteht und der Gebrauch der Gewichte beim Abwägungsvorgang mithin unsicher ist, nur so zu erklären sein, daß im Geist des Urteilenden gewisse übergeordnete oder vorgegebene Grundsätze der Bewertung bestehen[28], die bei der Auswahl und Abwägung der Argumente, ihm mehr oder weniger unbewußt, den Ausschlag geben.

Diese Faktoren, die demnach als *hinter* den topoi stehende, dem Juristen wegen ihrer Selbstverständlichkeit meist nicht bewußte und daher unerkannt und im geheimen wirksame Agenzien, Leitbilder oder Antriebskräfte zu denken sind, müssen näher bestimmt werden[29]. Wie sind sie zu ermitteln?

Fest steht wohl, daß es sich hier um sehr allgemeine Kategorien handeln muß, da sie geeignet sein sollen, den äußerst mannigfaltigen, nach Herkunft und Wesen höchst verschiedenartigen topoi als gemeinsame Leitvorstellungen zu dienen. Vielleicht hilft es der Untersuchung, wenn zunächst danach gefragt wird, welche dieser Prinzipien vielleicht *früher* einmal wirksam *waren*, heute aber *nicht* mehr in Betracht kommen, so daß unter Aussonderung solcher vergangener Leitbilder der Blick für die gegenwärtig wirksamen Beurteilungswerte geschärft wird.

Hier wären etwa zu nennen der höhere Ruhm der Religion, der in früheren Zeiten den absoluten Vorrang vor allen untergeordneten Bedenken, etwa der Erhaltung von Wirtschaft, Kultur oder Menschen-

---

[28] *Esser*, a.a.O., S. 149, wendet sich gegen die Wertschätzung des Begriffs der „vernünftigen Entscheidung" oder die Bemühung der „Rechtsvernunft". Vielmehr finde der „Rückgriff auf Werte", eine Vorbewertung, ein Vorurteil, eine mitlaufende Kontrolle von vernünftigen Ergebnissen statt (S. 159). — *Kriele*, a.a.O., S. 310: „Die Gründe für die Heranziehung oder Nichtheranziehung eines Gesichtspunktes sind die eigentlich bestimmenden Entscheidungsgründe. Sie bleiben aber in der Regel unausgesprochen." — Allenfalls würden hier sehr allgemeine und vage Begriffe wie „Gerechtigkeit" „Vernunft", oder „Konsens" verwendet. — Ähnlich *Larenz*, Festschrift für Klingmüller, S. 248: „Eine restlose Umsetzung von Wertunterschieden in quantitative Unterschiede, in bezifferbare Größen widerstreitet der Natur des Bewertungsvorgangs. Das braucht uns jedoch nicht zu hindern, nach rational faßbaren Kriterien zu suchen, die diesen Vorgang soweit als möglich durchsichtig machen."

[29] *Viehweg* selbst erwähnt a.a.O., S. 17, 18, bei der Auswahl der verschiedenen Systeme „einen immer schon vorhandenen Verständniszusammenhang" und erkennt, daß beim Gebrauch der topoi „bestimmte leitende Gesichtspunkte die jeweilige Orientierung lenken", — ohne auf diese Erscheinung im folgenden zurückzukommen.

leben besaß. Wir würden es jedoch heute ablehnen, gerade im Namen dieses Prinzips andere Werte zu mißachten oder zu zerstören.

Ähnliches gilt von obersten Grundsätzen politischer oder sozialer Art. Daß der „Staatsraison" oder dem Wohl sozialer Einheiten wie dem der Stadt, der Zunft, der Sippe, der Familie, des Betriebes, etwa Leben, Gesundheit oder wirtschaftliche Existenz einzelner geopfert werden dürften, ist für uns als *Rechts*prinzip nicht mehr vorstellbar[30]. Wo wir dergleichen in der Literatur beschrieben finden, betrachten wir die Opferung von Einzelrechtsgütern allenfalls mit literarischer Anteilnahme, niemals aber als nachahmenswertes Rechtsvorbild. In Kriegs- und Notzeiten allerdings wird auch der moderne Mensch solche Werte in seinem Bewußtsein wieder erhöhen und sie auch wieder zum *rechts*gewinnenden Faktor machen müssen. Wo politische Machthaber dagegen versuchten oder versuchen, eine allgemeine Umerziehung des Volkes in Richtung auf den absoluten Vorrang kollektiver Werte wie des Staates, des Volkes, der Bewegung, der Fahne oder der Klasse vorzunehmen, gelingt ein „Erfolg" nur durch Gewalt. Sobald die Gewalt nicht mehr besteht, zeigt sich die absolute Unwirksamkeit solcher „Weltanschauungen" in aller Klarheit.

Ein Gleiches gilt für „das Recht" als obersten Richtwert und gewisse rechtsethische Oberbegriffe wie „Rechtsidee", „Sinn der Rechtsordnung", „Systemtreue". Zwar ist auch uns das Bemühen um Herstellung gerechter Entscheidungen ein „Dienst am Recht". Doch will uns einmal die rigorose Überhöhung und Verabsolutierung dieses Wertbegriffs gegenüber jedem privaten Interesse nicht mehr überzeugen. Zum anderen fehlt den genannten Vorstellungen jene Klarheit der Zielsetzung, die gerade ein unbewußt wirkender psychischer Antrieb besitzen muß.

Auch von den mehr oder weniger philosophischen Oberbegriffen wie „Vernunft", „Sittlichkeit", „Sittengesetz", „Natur der Sache", „Freiheit", „Sozialstaatlichkeit" kann eine zivilrechtliche Leitfunktion nicht ausgehen, da auch diese Begriffe — wie schon für die Steuerung der logischen Denkfiguren[31], so auch hier für die *Abwägung* der topoi — zu unbestimmt und zu farblos sind[32].

---

[30] Was in früheren Zeiten an rechtlichen Leitbildern noch wirksam war, beschreibt eindringlich *K. S. Kramer*, Grundriß einer rechtlichen Volkskunde, Göttingen 1974, bes. S. 46 ff. „Ehre", S. 61 ff. „Exklusivität", S. 95 ff. „Arbeit".

[31] Vgl. oben S. 25.

[32] *Engisch*, a.a.O., S. 192, hält diese Prinzipien zwar für geeignet, den topoi „ihren rechtlichen Rückhalt" zu geben, meint aber, daß ihre Handhabung

VI. Die Belastbarkeit des einzelnen

Was aber bleibt somit in unserer Zeit an rechtssteuernden Prinzipien wirksam[33]? Namentlich aus der Gegenüberstellung zu den älteren Leitbildern wird klar, daß solche obersten Leitwerte heute nur im Hinblick auf Erhaltung, Förderung oder Schonung des *Individuums* bestehen. Damit bestätigt sich eine bekannte kulturgeschichtliche Erkenntnis. Nutzen oder Schaden des *Einzelnen*, seine Förderung und friedliche Erhaltung sind Ziel und Rechtfertigung der modernen Kultur und damit auch des Rechts.

Zwar ist nicht zu bestreiten, daß dieser Leitgesichtspunkt des Einzelinteresses kein ausschließlicher ist, daß vielmehr auch Gesamtinteressen wie die des Staates, der Gesellschaft, des Vereins oder der Familie, dem Einzelinteresse gegenübergestellt und vorgezogen werden können. *Wenn* dies aber der Fall ist, dann geschieht es vor allem aus der unausgesprochenen Grundanschauung heraus, daß diese Verbände ihrerseits aus einer großen *Mehrzahl* von *einzelnen* bestehen und daß es im Sinne des (aus dem gleichen Grunde überzeugenden) Mehrheitsprinzips als gerecht empfunden wird, daß die größere Zahl der Interessenten vor der geringeren Zahl der Gegeninteressenten den Vorrang erhält.

Aufschlußreich ist dabei, daß Staat, Kirche und Verbände im *Zivilrecht* ohnehin überwiegend *wie* Einzelpersonen auftreten, behandelt und begriffen werden, so daß es möglich ist, daß der einzelne dem

---

nicht mehr Sache der Jurisprudenz sondern Sache der Philosophie sei. — *Esser*, a.a.O., S. 169, wendet sich gegen „phrasenhafte Bezugnahme auf oberste Werte oder sonstige ideologische Grundsätze", spricht seinerseits (S. 159, 161) aber nur sehr allgemein von „vorsystematischen Wertungen" und von „Postulaten der Vernunft". „Vernunft" sei „das Vermögen, solche Werte dem präsumtiven Konsens entsprechend einzuschätzen". — Weitere Umschreibungen für diese Werterfassung bei *Esser* (S. 161): „Sittenkodex", „geschützte Zwecke gesellschaftlicher Organisation", „staatlich unter Rechtsschutz gestellte Güter", „verfassungsmäßig garantierte Werte". Als „Endwert" erscheint, mit unserem Ergebnis im Prinzip übereinstimmend, „die Persönlichkeit im Sinne der Menschenwürde" oder allgemein „das Leben". — Ähnlich schwierige Begriffe für die Kennzeichnung solcher Steuerungsvorgänge bei *Hubmann*, AcP 155, S. 134: der Richter müsse „das Gewicht der Gründe auf sich einwirken lassen und mit Unterstützung des Rechtsgefühls eine Gesamtwertung vollziehen". Dieses setze „die Mitarbeit und Zusammenfassung aller Seelenkräfte des Richters voraus".
[33] *Coing*, JZ 51, S. 485: „Die moralischen Werte, wie Gleichheit, Vertrauen, Achtung vor der Personenwürde sind nicht irgendwelche Interessen neben anderen. Sie sind vielmehr die eigentlich entscheidenden Ordnungselemente des Privatrechts, — — sie stehen nicht neben, sondern über den zu ordnenden Tatbeständen." Dem ist zuzustimmen. Uns scheint jedoch, daß diese verschiedenen Elemente letztlich auf den einen, sogleich darzustellenden Generalnenner zu bringen sind.

Staat rechtlich wie seinesgleichen gegenübersteht und auch die Rücksicht auf die Quantität der vom Staat repräsentierten Individuen in den Hintergrund tritt.

Dies ist nach heutiger Auffassung einerseits ein Fortschritt, da wie gesagt ein Denken in den alten Ordnungen nicht mehr existiert und die Anschauungen vom absoluten Vorrang der Kirche, des Staates oder des Souveräns, der Ehre des Berufsstandes oder des Regiments, auch z. B. des städtebaulichen, verkehrspolitischen, medizinischen oder technischen Fortschritts, jedenfalls keine Überzeugungskraft in der Anwendung auf den *einzelnen* Rechtsfall mehr besitzen[34].

Anderseits ergeben sich durch die Sorge um das Individuum neue Probleme, zumindest aus dem selbstverständlichen Grunde, weil neben dem gerade im Visier des Rechtsbemühens stehenden speziellen Individuum noch andere Individuen existieren, die das gleiche Recht auf Achtung beanspruchen dürfen. Der Geltungsanspruch des einzelnen schränkt sich damit aus Gründen desselben Prinzips, das ihn schuf, in sehr vielfältiger Weise ein. Was dem einen wohltut, gereicht dem anderen zu Schaden oder Verdruß, — was dem einzelnen Arbeitnehmer an Lohnvorteilen zugewendet wird, gefährdet in seiner Summierung den Betrieb *und* damit rückwirkend auch den einzelnen Arbeitnehmer, — und die Frage ist erneut, welches Steuerungsprinzip dem Urteilenden in einem solchen Falle der Konkurrenz mehrerer Einzelinteressen den Weg weist.

Die hier wirksame Zielvorstellung kann mit den Worten „*Belastbarkeit des einzelnen*" gekennzeichnet werden. Es handelt sich darum, wie die im Staats- und Gesellschaftsverband an sich unvermeidbare Reglementierung, Einschränkung oder Leistungsverpflichtung des einzelnen in denjenigen Grenzen zu halten ist, die in der allgemeinen Meinung als gerecht empfunden werden. Der in der modernen Dogmatik häufig gebrauchte Terminus der „Zumutbarkeit" meint in vielen Fällen dasselbe. Er erweckt freilich nach seinem Wortsinn etwas den Anschein, als ob darin eine Art Höflichkeitsregel zu erblicken sei, deren Anwendung oder Nichtanwendung vor allem eine Sache der Schicklichkeit und

---

[34] Oder was sollte unsere Zeit mit einem Unterscheidungsmerkmal anfangen, wie es *Brütt*, Die Kunst der Rechtsanwendung, Berlin 1907, S. 129 ff., als Kriterium des richtigen Rechts ansieht: „Richtig ist dasjenige Recht, welches die Kulturentwicklung eines Volkes nach Möglichkeit fördert und am meisten dazu beiträgt, die nationalen Kräfte vom potentiellen in den aktuellen Zustand zu überführen?"

Rücksichtnahme bilde. In Wirklichkeit handelt es sich wohl eher um die Ermittlung einer *objektiv* zu verstehenden Zumessungsgrenze. Jedoch tritt in der Praxis auch bei Verwendung des Zumutbarkeitsbegriffs heute mehr und mehr dessen materielle Bedeutung in den Vordergrund[35].

Denn die moderne Zivilrechtsauffassung sieht — im Zuge allgemeiner Säkularisation des Denkens — die Sorge um das materielle Auskommen des einzelnen als vordringliche Aufgabe an. Darum stehen im gesamten Zivilrecht die ökonomischen und finanziellen Fragen, die Überlegungen um Einkünfte und Vermögen, um Forderungen und Schulden im Mittelpunkt der Betrachtung, und selbst dort, wo es um andere Güter — um Ehre und Gewissen, Frieden und Verträglichkeit, Glauben und politische Überzeugung geht, vermag das Zivilrecht nicht viel mehr zu tun, als die materiellen Erscheinungen und Auswirkungen dieser Wertvorstellungen zu betrachten und zu beeinflussen. Zwar gibt es Bereiche des Bürgerlichen Rechts, in denen es damit scheinbar nicht bewenden kann, weil kraft gesetzlichen Auftrags ausgesprochen *ideelle* Fragen zu behandeln sind: Ehrenschutz, Namensschutz, Geschäftsfähigkeit, Entmündigung, eheliches Zusammenleben, Kindererziehung, Herstellung eines guten Betriebsklimas, einer vertrauensvollen Zusammenarbeit und ähnliches. Doch läßt sich erstens nicht übersehen, daß es sich dabei meist um Gebiete handelt, die außerhalb dessen liegen, was üblicherweise als das „eigentliche" Betätigungsfeld des zivilrechtlichen Denkens angesehen wird. Zum anderen zeigt sich, daß mit spezifisch *rechtlichen* Mitteln gerade hier nicht viel auszurichten ist, jedenfalls *nicht* in dem *positiven* Sinne, daß den Leuten gesagt werden könnte, *wie* die Verwirklichung dieser Werte auszusehen hätte und *was* die einzelnen im konkreten Falle dazu beitragen könnten. Wo sich der Gesetzgeber unterfängt, dergleichen anzuordnen, wirken seine Regeln überzogen und hilflos zugleich, vgl. z. B. die §§ 1300, 1353, 1359, 1627, 1631, 1671 BGB.

Die rechte Standfestigkeit gewinnt das zivilrechtliche Denken erst wieder dort, wo es um Geldleistungen, Schadenersatz, Vermögen, Eigentum, Rechte und Pflichten materieller Art geht.

---

[35] Vor allem in den Fällen von Schadensersatzleistungen wegen Entzugs von Gebrauchsvorteilen, Persönlichkeitsschutzes usw., in denen — entgegen der ideellen Natur der beeinträchtigten Rechtsgüter — die Frage des Geldersatzes dominiert.

Hier aber ist die Leitvorstellung, die insgeheim die Konstruktion und Auslegung der Regeln wie auch die Auswahl und Abwägung der Entscheidungsgesichtspunkte steuert, die *angemessene Belastbarkeit* des einzelnen. Dieser Gedanke dirigiert sowohl die Beurteilung und Auslegung der Verträge wie auch jede Art von deliktischer Schadensberechnung. Er wirkt auch dann, wenn (im Bereicherungsrecht oder in Fällen der Geschäftsführung ohne Auftrag) eine Rechtsgrundlage *außerhalb* dieser beiden Einteilungsschemata gesucht werden muß. Typisch für die hier waltende Grundanschauung ist die negative Formulierung, deren Verwendung immer eine Entscheidung *zugunsten* des beteiligten Rechtssubjekts herbeiführt: daß etwas für den einzelnen „*untragbar*" sei.

Zum Inhalt dieses Prinzips gelten etwa folgende Unterscheidungen. Um den Kern der Zahlungs- oder sonstigen Leistungspflichten herum, die als „Belastung" des einzelnen in erster Linie in Betracht kommen, gruppieren sich eine größere Zahl weiterer rechtlicher Momente, die zwar nicht unmittelbar Geld oder geldwerte Leistungen betreffen, die aber bei der Erörterung der Rechtslage zugunsten oder zuungunsten des Betroffenen sehr wohl eine Rolle spielen: etwa die Rechts- oder Geschäftsfähigkeit, das vertragliche Gebundensein, der Gutglaubensschutz, das Abstraktions- und das Akzessorietätsprinzip, ferner Rechtserscheinungen wie Notwehr, Selbsthilfe, Irrtum, Rücktritt, Kündigung u. ä. Diese Phänomene scheinen mit „Belastung" des einzelnen an sich nichts zu tun zu haben.

Jedoch gibt es erstens eine Anzahl von im Privatrecht bekannten Grundsätzen, die dem Wortlaut nach ein allgemeines und Gesamtheitsinteresse zu betreffen scheinen, die aber genaugenommen und auf den konkreten Fall angewendet wiederum nur die Frage entscheiden, was dem *einzelnen* an Rechtsnachteilen nicht mehr angesonnen werden kann oder was ihm in dieser Beziehung noch auferlegt werden muß. Dies sind z. B. die Prinzipien des Minderjährigenschutzes, des Vertrauensschutzes, des Schutzes des Rechtsverkehrs, auch der Rechtsklarheit und Rechtssicherheit. Auch solche Prinzipien sind unter den Obergrundsatz der Belastbarkeit des einzelnen zu bringen. Sie dienen dem Schutze des Individuums, weil ohne dessen Beteiligung die Vorstellungen z. B. des Rechtsverkehrs, auch der Firmenwahrheit und Firmenklarheit und ähnlicher Maximen ohne Inhalt blieben.

Ferner aber bestätigt sich die Richtigkeit des genannten Leitprinzips auch im Hinblick auf das rechtliche oder prozessuale *Ergebnis*, dem

VI. Die Belastbarkeit des einzelnen

die Anwendung der verschiedenen Rechtsgrundsätze oder Rechtsfiguren zustrebt. Auch Erwägungen über Ansehen, Goodwill, Reputation, Erholung, Bequemlichkeit, Urlaubsfreude oder umgekehrt über Knebelung der wirtschaftlichen Betätigung, Verlust von Kundschaft, von Schaufläche, Fahrmöglichkeit usw. laufen so verstanden letzten Endes auf Achtung und Schutz einer gewissen *materiell* zu begreifenden Lebens- und Wirtschaftsfähigkeit des einzelnen hinaus.

Die Betonung der individualistischen und materiellen Fundierung solcher gemeinhin als „ideell" angesehenen Werte und Strukturen mag befremdlich erscheinen. Doch ist die geistesgeschichtliche Entwicklung insoweit konsequent verlaufen. An die Stelle eines gewissen Pathos der Rechtsgesinnung und eines irrational fundierten Gehorsams dem bestehenden Recht gegenüber ist die allseits geübte Abkehr vom Kollektiven, Mythischen, Gemeinschaftlichen, Überlieferten und Nichterklärbaren und die unruhige Kritik am Bestehenden und am einzelnen Rechtsergebnis getreten, — welche Erscheinung wiederum unterstützt wurde vom Mißtrauen des Bürgers gegen den Staat und seine personelle Unzulänglichkeit und von einer Gesinnung, die das kritische Individuum mit seiner Sympathie grundsätzlich auf die Seite der „Unterdrückten" der „Unterprivilegierten", der Nichtbemittelten und der Minderheit treten ließ.

Man kann das Vordringen des überwiegend materiellen Verständnisses des Zivilrechts als gewisse *Verarmung* des Rechtsdenkens bedauern[36]. Anderseits liegt in der Beschränkung auf das materiell Einsehbare und Erreichbare eine nicht unsympathische *Selbstbescheidung*, ein kräftesammelndes Konzentrieren und Zurückschneiden der modernen Rechtswissenschaft, die sich dabei durchaus auf philosophische, kulturgeschichtliche, selbst religiöse Argumente berufen kann. Denn eben *wegen* der ideellen Natur jener obersten Werte ist deren *juristische* Regelung und Garantie meist zweifelhaft und mit dem Selbstverständnis der Hüter dieser Grundsätze nicht recht vereinbar. Wie sollte auch eine verstaatlichte und beamtete und durch vielerlei verfassungsrechtliche Garantien auf Distanz gehaltene Rechts-

---

[36] Man könnte sogar sagen, daß es ein Mittel sei, um die Bequemlichkeit und das Wohlleben des einzelnen zu fördern und daß diese Tendenz aller notwendigen ideellen Aufrichtung und Erhöhung des Rechts zuwiderlaufe. Damit würde aber übersehen, daß der Drang zur Verbesserung des menschlichen Daseins auf höchst sublime Art allem kulturellen Fortschritt zugrunde liegt und wie in allen technischen und naturwissenschaftlichen Bereichen, so auch im Recht seine Wirkung zeigt.

lehre und Rechtsausübung in der Lage sein, die hohen Ideale der Religion, der Sittlichkeit, der Menschlichkeit, der ehelichen Treue, der Kindes- und Elternliebe, der Fürsorge, der Redlichkeit unmittelbar fördern oder garantieren zu können?

Ist somit die Sorge um die rechtliche Belastbarkeit des Individuums das wichtigste Steuerungsprinzip des zivilrechtlichen Denkens, so lassen sich innerhalb dieser Kategorie zwei wesentliche Teilaspekte unterscheiden.

Bei der Frage, was dem Bürger abzuverlangen oder in welcher Beziehung er zu schonen ist, spielt einmal die Erwägung eine Rolle, daß der einzelne einen *Betätigungsspielraum* für sich und die Entfaltung seines Willens haben und behalten muß. Es liegt nahe, die Reservierung dieses Raumes mit dem großen Begriff der *Freiheit* kennzeichnen zu wollen. Doch wird damit des Guten fast zuviel getan. Denn wie aus ungezählten Erörterungen dieses Themas klargeworden ist, handelt es sich nach Hervorhebung der notwendigen und zivilisationsgemäßen Einschränkungen, die der Freiheitsbegriff im Laufe der Zeit erfahren hat, nur noch um einen vorsichtig ausgesparten *Rest* an Willkür und Belieben, der dem Bürger unserer Zeit verblieben ist, — nicht vergleichbar mit der Freiheit eines Waldläufers, Einödbauern oder Renaissancefürsten, (sofern diese sie jemals besessen haben sollten), aber eben noch genügend, um psychisch und bewußtseinsmäßig seine wohltuende Wirkung zu entfalten.

Es wird sich daher empfehlen, das Erfordernis der „Freiheit" in unserer Zeit eher *sachlich,* in diesem Falle biologisch oder psychologisch verstehen zu lernen, — als notwendige Lebensvoraussetzung und damit als ein Element der menschlichen Daseinsförderung. Im Unbewußten aller Kreatur wirkt die Überzeugung, daß ihr für die Entfaltung einer sinnvollen Existenz ein Freiraum vonnöten ist, der zwar durch die Erfordernisse des Zusammenlebens mit anderen einschränkungsbedürftig, nicht aber völlig verzichtbar ist. Diese Vorstellung wirkt sich auf Verhalten, Planen und Schaffen, auch auf die Fortpflanzung aller irdischen Lebewesen aus. Wo der Lebensraum über ein vertretbares Maß hinaus eingeschränkt wird, sind geistige Sterilität, „Gettostimmung", Aggressionen, Unfriede, Selbstzerstörung die Folgen. Von alledem besitzt jedes Lebewesen eine instinktive Ahnung und ein Vorauswissen, und aus der Umsetzung dieses Wissens in das Rechtsdenken entstehen jene Begriffe, die wir als Auswirkungen der persönlichen Freiheit ansehen: Rechtsfähigkeit, Vertragsfreiheit, Gewerbefreiheit, Wohnfreiheit, Vereinsfreiheit, Heiratsfreiheit und ihre Wirkungen in den einzelnen Rechtsbeziehungen, — umgekehrt das Verbot der Beeinflussung, der Knebelung, der Unterwerfung, der wirtschaftlichen Vernichtung.

Daher besitzt der Mensch auch bei der Beurteilung von rechtlichen Einzelfragen ein Gefühl für die Wahrung dieses Freiheitsraums bei sich und bei anderen. Freiheit ist danach keine rein *materielle* Kategorie im obigen Sinne. Anderseits ist der Wunsch nach ihr auch kein bloßes „Ideal", sondern eine biologische und psychologische Realität und sie selbst eine notwendige Voraussetzung der Existenz irdischer Lebewesen.

Freilich ist das Streben nach Freiheit als Grundvorstellung viel zu vage und zu unbestimmt, um in jedem Einzelfall zu exakten Folgerungen führen zu können, — aber eben doch in jenem tieferen Sinne stimulierend und die rationalen Erwägungen bestimmend, den wir hier zu erfassen suchen.

Ein zweites Agens dieser Art ist das, was wir als das *„soziale Prinzip"* oder das *„soziale Denken"* zu bezeichnen pflegen. „Sozial" ist dabei nicht mehr im ursprünglichen Sinne der Gesellschaftsbezogenheit zu verstehen, sondern in der eingeschränkten Bedeutung, die das Wort inzwischen vorwiegend erhalten hat, dem einer materiellen Absicherung und Schutzgewährung, einer Garantie des Auskommens für den in der Gemeinschaft lebenden, schwachen Menschen. Auch das gehört zum Kern dessen, was mit dem Begriff „Belastbarkeit" umschrieben wurde. Der einzelne, auf den sich das Recht bezieht, wird als schutzbedürftig angesehen. Die Absicht der Schonung und Bewahrung des Individuums aber ist mit der Aufgabe der Setzung und Pflege bürgerlichen Rechts eine so enge Verbindung eingegangen, daß ohne diese soziale Tendenz heute keine zivile Gerechtigkeit mehr denkbar ist.

Weit entfernt von einer Anschauung, wonach Rechtssätze und -begriffe als ein rocher de bronce in der Flut der Meinungen des Tages zu stehen hätten, auch ohne rechten Sinn und Instinkt für eine notwendige Rigorosität des Gesetzes, pflegt der Jurist heute jede Rechtsregel und jede Entscheidung unausgesprochen danach zu kontrollieren, ob sie allgemein und in der Einzelanwendung das *soziale Maß* besitzen.

Hieraus ist ein Teil der vielfältigen Konstruktionen und Lehren zu verstehen, die von der modernen Dogmatik außerhalb des Gesetzes und mitunter an seinem Wortlaut vorbei geschaffen wurden: von der culpa in contrahendo, der mißbräuchlichen Rechtsausübung, vom Fortfall der Geschäftsgrundlage, vom Vertrag mit Schutzwirkung gegenüber Dritten, von den Verkehrssicherungspflichten, der Gefälligkeitshaftung, der Herstellerhaftung, der Zweckerreichung und Zweckvereitelung. Und wo diese Konstruktionen ihrerseits problematisch und in ihrer Gerechtigkeitswirkung zweifelhaft werden, da geschieht auch dies aus dem genannten Grunde: Der Schutz, der dem *einen* Beteiligten zugewandt wird, kann zu einer unbilligen Belastung für den *anderen* werden. Um in solchen Fällen überhaupt zu einer Lösung zu gelangen, wird meist der Ruf nach einer *Versicherung* erhoben, die schließlich für Schadensausgleich sorgt, ohne die Parteien über Gebühr zu belasten.

Mitunter geschieht es, daß die Erörterung trotz aller Vertiefung der Problematik und trotz bereitwilliger Einbeziehung von Billigkeitsargumenten so festfährt, daß eine allgemein verbindliche Lösung nicht mehr sichtbar werden will. Solche Sachverhalte sind meist dadurch gekennzeichnet, daß der geheime Steuerungsmechanismus des sozialen Denkens aussetzt und dem Urteilenden deswegen die Richtung verloren geht, in die er sich mit seinem Konstruieren zu bewegen hätte.

Ein Beispiel dafür bildet die Diskussion um die §§ 254 Abs. II Satz 2, 278 BGB. Ob es richtig ist, dem Minderjährigen die Haftung für das Mitverschulden seiner gesetzlichen Vertreter zu erlassen und ihm damit den vollen Schadensersatzanspruch zu geben, mit der Folge, daß der Schädiger daraufhin die gesetzlichen Vertreter von sich aus auf Ausgleich belangt, — oder ob der Anspruch des Minderjährigen selbst entsprechend gekürzt, die Wirtschaftskraft der Familie dafür zunächst geschont wird, dem verletzten Minderjährigen aber ein Ersatzanspruch gegen den gesetzlichen Vertreter zusteht, ist kaum zu entscheiden.

Ähnlich steht es mit der großen Problematik des Abstraktionsprinzips, um die es inzwischen so still geworden ist: ein klarer Unterschied in den wirtschaftlichen und persönlichen Auswirkungen der möglichen Rechtsprinzipien auf den einzelnen Beteiligten war nicht festzustellen. Daher verstummten nach gewisser Zeit die theoretischen Auseinandersetzungen.

Umgekehrt fühlt sich das soziale Gewissen dann beruhigt, wenn festgestellt werden kann, daß einer Belastung, die als solche unvermeidbar scheint, wenigstens in anderer Beziehung Vorteile für den einzelnen gegenüberstehen: so begründet der Vorteil des Betriebs eines Autos

VI. Die Belastbarkeit des einzelnen

den Nachteil der Gefährdungshaftung, und der Vorteil der Nutzung einer Sache den Nachteil der Aufwendungspflicht.

Gegen die Verfestigung und Ausbreitung einer solchen Anschauung, wonach die Sorge um die Schonung und Sicherstellung des einzelnen zur Triebfeder des gesamten zivilrechtlichen Denkens wird, bestehen freilich Bedenken[37]. Denn in ihrer äußersten Konsequenz scheint diese Betrachtung zur Nivellierung und zur Selbstaufgabe des Rechts zu führen. Das äußerste Bemühen um soziale Gerechtigkeit strebt einem Zustand entgegen, in dem alle Individuen, da sie die gleichen Rechte haben, auch gleichviel besitzen und das etwaige Mehr an Vermögen, wenn auch nicht unmittelbar durch Abgaben, so doch mittelbar durch Übernahme größerer Lasten ausgleichen müssen. Die ökonomische und ideele Fragwürdigkeit eines solchen Endzustandes, in dem jedes lebensfördernde Gefälle verschwunden wäre, braucht hier nicht erörtert zu werden. Schon auf dem *Wege* dahin gerieten das Recht und die Rechtswissenschaft in Gefahr. Denn wo letzten Endes nur noch die Unterschiede an Macht und Vermögen zu ermitteln sind und, von diesen Unterschieden ausgehend, ein billiger Ausgleich zwischen den Beteiligten herzustellen ist, verliert das Zivilrecht sein Interesse. Der größte Teil des oben beschriebenen geistigen Instrumentariums bliebe ungenutzt. Die Handhabung des Zivilrechts forderte im Grunde keine juristische Bildung mehr.

Man wird solche Erwägungen auch nicht für reine Spekulationen halten dürfen. Kenner bemerken und beanstanden seit langem, daß sich in unserer Zivilrechtspraxis mehr und mehr eine simple Billigkeitsbetrachtung ausbreitet, die sich zu keiner großen Konstruktion mehr verfestigen will und hinter der sich in Wirklichkeit die bloße Willkür des Urteilenden verbergen könnte, dem stets einige wohlfeile Argumente zur Seite stehen.

Bietet der wissenschaftliche Jurist also das Bild eines Menschen, der durch angespanntes geistiges Bemühen seine eigene berufliche Existenz überflüssig macht? Und müßten wir in der Entwicklung der Rechtswissenschaft den Vorgang unaufhaltsamer Verarmung und Simplifizierung sehen? Aus Gründen der kulturgeschichtlichen Erfahrung ist zu vermuten, daß die Dinge nicht bis zu dieser äußersten Konsequenz fortschreiten werden.

---

[37] *Ehrlich,* a.a.O., S. 165: „— — aber die alte Jurisprudenz ist das alles nicht mehr".

VI. Die Belastbarkeit des einzelnen

Auch andere Disziplinen wie die Theologie oder die Medizin stehen unter dieser fernen Drohung eines aus bestem Grunde Überflüssigwerdens, wenn etwa die allgemeine Frömmigkeit wie auch die allgemeine Gesundheit in derjenigen erfreulichen Weise zunehmen sollten, die das eigentliche Ziel beider Wissenschaften ist. Jedoch ist dies nicht anzunehmen.

Noch aus einem bedeutsameren Grunde aber braucht nicht befürchtet zu werden, daß es je zu einer extremen Nivellierung der beschriebenen Art kommen wird. Die übergeordneten Werte wie Religion, Staatsraison, Stand, Rang und Ehre mögen im Bewußtsein des Gegenwartsmenschen an Bedeutung eingebüßt haben. Auf immer verloren sind sie deswegen nicht. Auch insoweit sollte es ein Gegenstand heilsamen Befremdens sein, daß gerade diejenigen politischen Bewegungen, die am radikalsten auf den Abbau aller bisherigen Wertunterschiede dringen, dort, wo sie politisch oder militärisch siegreich waren, alsbald ihre eigenen Ideale höher aufrichten, als dies vordem ihre Gegner mit den ihren jemals getan hatten. Der Ruhm der Revolution und der Sieg der Klasse, die Planerfüllung und die Vernichtung des Klassengegners sind dann die neuen Leitbilder, unter denen alles Recht steht und von denen nachdrücklich gefordert wird, daß sie auf die Entscheidung jedes einzelnen Falles einzuwirken hätten[38].

Aber auch ganz neue, bisher nicht bekannte allgemeine Werte, die als Leitfaktoren des Rechtsdenkens dienen und die als übergreifende Interessen dem Einzelinteresse gegenübertreten, werden aus dem Fortgang der Geschichte entstehen. Eine Denkkategorie, die sich hier bereits deutlich abzeichnet, ist die *ökologische,* auf Lebens- und *Umweltschutz* gerichtete. Ganz allmählich ist diese in das allgemeine Bewußtsein getreten und beginnt, sich der bisher üblichen, Erwerbsfreiheit, Eigentumsausübung, Vermögensvermehrung, Raum für menschliche Betätigung erstrebenden Zivilrechtsanschauung zu widersetzen. Im weiteren Sinne beziehen sich solche die objektiven Gegebenheiten pflegende und erhaltende Tendenzen auch auf den Schutz der *Kultur,* wo diese in Bauwerken, Anlagen, Kunstgegenständen usw. ihren Ausdruck gefunden hat. Auch hier wird allem Anschein nach der im bisherigen Sinne

---

[38] Daß es übrigens nichts hilft, dem Eindringen von unerwünschten Ideologien durch ein ganz „objektives", angeblich auf reine Rechtserwägungen gestelltes Urteilen vorbeugen zu wollen, hat *Esser,* a.a.O., S. 138, sehr eindrucksvoll dargelegt. „Die totale Systemautonomie des Rechts — — führt gerade das ideologisch abgedichtete und sich autonom gebärdende Rechtssystem in die Arme der politischen Manipulation."

"privatrechtliche", auf freie Eigentumsausübung gerichtete Betätigungswille Einschränkungen erfahren, und es werden stattdessen die Leitbilder der Bewahrung und Förderung dieser Werte als dem Einzelinteresse übergeordnete Kategorien Beachtung fordern.

VII. Grenzen des zivilrechtlichen Denkens

Daß das moderne Privatrecht in seiner Anwendbarkeit eingeschränkt ist, ergibt sich bis zu einem gewissen Grade schon aus dem bisher Gesagten. Denn das zivile Recht ist nach heutiger Auffassung mit dem unausgesprochenen Gebot einer schonsamen, maßvollen Anwendung belastet. Es ist dadurch, was viele Kritiker zu Recht beanstandet haben, auch in seiner Berechenbarkeit eingeschränkt und daher — zumal für den Gläubiger — mit jener Gefahr der Unsicherheit behaftet, die ein gutes Recht eigentlich nicht haben sollte. Das ist aber nur ein Teilaspekt des dahinter sichtbar werdenden größeren Problems.

Die energische Bewußtmachung des juristischen Denkens, die den Anlaß zu allen methodologischen, psychologischen oder didaktischen Überlegungen bildet, führt nämlich allgemein zu der Erkenntnis, daß das zivilrechtliche Konstruieren und Entscheiden in seiner praktischen Verwendbarkeit, aber auch in seiner Sinnbezogenheit und Überzeugungskraft notwendigerweise *begrenzt* ist. Die „Bandbreite" dessen, was mit dem privaten Recht erreicht und mit dem Anspruch auf Gerechtigkeitskonsens geregelt werden kann, ist bedeutend geringer, als es der hohe idealistische Schwung der Väter hätte wahrhaben wollen. Ältere juristische Autoren hätten, nach der Bedeutung des Zivilrechts befragt, nicht gezögert zu betonen, daß dieses Recht — jedenfalls in seiner jetzigen, im 19. Jahrhundert erlangten wissenschaftlichen Gestalt — von umfassender Wirksamkeit sei, daß es für kleinste wie für bedeutendste Angelegenheiten gelte und Arm und Reich, Hoch und Niedrig mit seinen Geboten, seiner Zuständigkeit, seinem Gerechtigkeitsanspruch ergreife.

Gerade dies ist aber, wie uns heute scheinen will, nicht der Fall. Eben die intensive wissenschaftliche Durchdringung des Rechts war es, die dessen Bedingtheit und Begrenzung zu Tage treten ließ. Aus einer ganzen Reihe von neuen Sachverhalten und Problemstellungen wurde klar, daß die Wirksamkeit des Privatrechts in Wahrheit von einer Anzahl von Voraussetzungen abhängig ist, die alle mit dem Stichwort der Einhaltung des rechten Maßes oder der mittleren Linie umschrieben oder vom Vorliegen „normaler Verhältnisse" abhängig gemacht werden können. Sind diese unausgesprochenen und meist für selbstverständlich angesehenen Normalumstände nicht gegeben, so wird die zivilrechtliche Aussage und Entscheidung unsicher, verliert ihre Überzeugungskraft oder schlägt mitunter in ihr rechtliches Gegenteil um.

Dies gilt zunächst für die reine *Quantität* der Dinge und Lebenserscheinungen. Besonders am Beispiel des Eigentums wurde klar, daß eine bestimmte mittlere Größenordnung Voraussetzung für die Funktionstüchtigkeit der gesetzlichen Eigentumsregeln ist. Niemand kann an großen Ländereien, Unternehmen, Sammlungen, Vermögensmassen im selben Sinne „Eigentum" ausüben wie an seinen Möbeln, Büchern oder Kleidungsstücken. An der sachenrechtlichen Kardinalfrage der freien Verfügbarkeit solcher Objekte gemessen zeigt sich, daß hier Bedeutung und Auswirkung des zivilrechtlichen Handelns zu weit reichen, um noch unbeschränkt zulässig sein zu können.

Umgekehrt sind die sachenrechtlichen Kategorien auch dann ohne Wert, wenn sie auf ganz unbedeutende Objekte (Staub, Wassertropfen, Abfälle) angewendet werden sollen.

Speziell im Besitzrecht machte es schon Schwierigkeiten, das „tatsächliche Haben" von auf hoher See befindlichen Schiffen oder von die Erde umkreisenden Satelliten zu begründen. Erst recht versagt dies bei Forschungsgeräten, die auf dem Mond oder anderen Himmelskörpern deponiert sind, oder bei Weltraumsonden, die um andere Planeten kreisen. Sinnlos werden die Eigentums- und Besitzregeln endlich bei allergrößten Materien wie den Himmelskörpern und bei allerkleinsten Einheiten wie Molekülen, Atomen, Protonen, Neutronen, Ionen oder auch Bakterien und Viren.

Aber nicht nur an Sachen, sondern auch an anderen Rechtsgegenständen wie Forderungen, Fristen, Berechtigungen, Verpflichtungen, Obliegenheiten zeigt sich, daß Rechtsbegriffe und Rechtsregeln nur im Rahmen eines bestimmten tatbestandlichen Mittelmaßes ihre volle Gerechtigkeitswirkung entfalten können.

Das Verbot der Teilleistung z. B. kann nicht mehr maßgebend sein, wenn die Teilleistung 99,5 Prozent der Schuld betrifft und nur noch ein unbedeutender Rest fehlt. Wo hier die Grenze liegt und *wie* die Restforderung dann durchzusetzen ist, bleibt freilich aus demselben Grunde zweifelhaft. Auch die Gerichtsorganisation kann ihre Tätigkeit sinnvollerweise nur auf mittlere Normalwerte richten, weil die Ingangsetzung des staatlichen Justizapparates bei allerkleinsten und allergrößten Objekten unangemessen oder zwecklos wäre.

Besonders deutlich zeigt sich die systemzerstörende Kraft des Übermaßes bei Schadensersatzforderungen. Sind diese Forderungen so hoch, daß sie die Existenz des Schuldners zu vernichten drohen, so wird ihre Durchsetzung trotz einwandfreier Rechtsbegründung widersinnig, weil mit der wirtschaftlichen Ausschaltung des Verpflichteten auch die Möglichkeit weiterer Ersatzleistung entfällt.

Bei alledem handelt es sich, wie zu betonen ist, nicht um Fragen verfahrensmäßiger Opportunität, sondern um Gerechtigkeitserwägungen materialer Art. Es sind „das Recht" oder „der Anspruch" selbst, die durch allzu große oder allzu geringe Quantität in Frage gestellt und in ihrem Sinngehalt beeinträchtigt werden. Die Vorstellung, daß ein Arbeiter überhaupt „verpflichtet" sei, die Fabrik, deren Abbrennen er durch fahrlässiges Handeln verursacht hat, aus eigenen Mitteln wiederherzustellen, ist gegen Vernunft und Sinn des Gesetzes.

Zweifelhaft in ihrer juristischen Bedeutung erscheint danach auch die bekannte Redensart, wonach sich jemand bereit erklärt hat oder dazu verpflichtet wurde, „die volle Verantwortung" für sein Handeln zu übernehmen; denn es ist ganz ausgeschlossen, daß der Betreffende eine ruinierte Volkswirtschaft oder auch nur ein in Konkurs gegangenes Unternehmen jemals aus privaten Mitteln wieder herzustellen vermöchte, — und auch mit seiner Bestrafung ist ein Schaden nicht wieder gutzumachen. Worin besteht dann aber noch die Verantwortung? Und worin unterscheidet sich der Betreffende von anderen, die die „volle" Verantwortung *nicht* übernommen haben?

Dieselbe überraschende und bedrückende Wahrnehmung, daß unsere wohlbegründeten und bewährten Rechtsregeln in bestimmten Fällen nicht mehr zu funktionieren scheinen, ergibt sich noch in weiterer Beziehung. Wiederum sind es gerade die modernsten zivilistischen Rechtsfiguren, die zu dieser Erkenntnis führen und wiederum ist es die Erscheinung eines gewissen Übermaßes — diesmal aber mehr der Ereignisse selbst oder des tatbestandlichen Hintergrundes —, die zu der Konzeption von Ausnahmeregelungen Veranlassung gaben. Die Abnormität des Geschehens kann ihren Grund in Krieg, Umsturz, Streik, Währungsverfall, — auch in Naturkatastrophen wie Überschwemmungen, Explosionen, Sturmschäden Lawinenniedergang oder dergleichen haben. Es zeigt sich dann meist, daß die eine Partei — Gläubiger oder Schuldner, je nachdem, wie es der Zufall will, — mit einem Male eine ganz unangemessen hohe Leistungs- oder Zahlungslast trägt, ohne eine entsprechende Gegenleistung erwarten zu können. Es sind dies z. B. die Tatbestände, in denen der „Wegfall der Geschäftsgrundlage" zu konstatieren ist. Die Mühe und Tiefgründigkeit, die zur Lösung solcher Fälle und zur Herausarbeitung neuer dogmatischer Figuren verwendet werden mußten, sollten nicht vergessen lassen, daß hier letzten Endes die *Ungeeignetheit* der normalen zivilrechtlichen Regelung offenkundig und ein ganz auf überschlägigen Ausgleich und ungefähre Lastenverteilung gerichtetes staatliches Eingreifen notwendig wurde.

Diese Erscheinung wiederholt sich — abgewandelt von der zerstörenden Kraft äußerer Ereignisse auf die gleichermaßen negative Wirkung der Mentalität und der inneren Einstellung der beteiligten *Rechtssubjekte* — in den bekannten Fällen des Fehlens des „sozialtypischen Verhaltens". Das Zivilrecht setzt, wie damit erkennbar wurde, auch in psychischer Hinsicht ein gewisses rechtsbejahendes Normalverhalten voraus. Mit Leuten, die ihr Auto in der Absicht auf Parkplätze stellen, *nicht* bezahlen zu wollen, oder die mit dem gleichen schnöden Vorsatz Straßenbahnen, Schiffe oder Flugzeuge benutzen, kann es im Grunde nichts anfangen. Die beiden Grundprinzipien seiner Wirksamkeit, Gesetz oder Vertrag, versagen. Anderseits erweisen sich auch die auf Schadensausgleich, Bereicherung oder unbeauftragte Geschäftsführung abzielenden Regeln als schwierig, weil es — infolge Fehlens deutlichen und berechenbaren Verlustes an Vermögen — nicht angängig erscheint, aus dem Fehlverhalten des Betreffenden klare Zahlungsverpflichtungen herzuleiten. Was als Lösung vorgeschlagen wird, ist letzten Endes eine *Sanktionierung* ungemäßen bürgerlichen Betragens, die bereits öffentlichrechtliche Züge trägt.

Der Eindruck des Nichtausreichens des üblichen Reservoirs an zivilistischen Rechtsgrundsätzen bestätigt sich auch an den vielen modernen Rechtsproblemen, die aus der Besonderheit des *dispositiven Rechts* entstehen: den Problemen der Allgemeinen Geschäftsbedingungen, der Formularverträge und neuerer Vertragsarten wie der Leasingverträge, Automatenaufstellungsverträge, Reiseverträge, Inzahlungsgabeverträge oder Finanzierungsverträge. Zwar erweist sich hier das private Recht immer noch als teilweise wirkungskräftig, weil die Heranziehung von verschiedenen, im Gesetz und in außergesetzlichen Maximen ver-

VII. Grenzen des zivilrechtlichen Denkens

streuten Richtlinien und „Leitbildern" den Weg zu einer angemessenen Regelung weisen. Anderseits läßt sich nicht leugnen, daß das Zivilrecht als bestehender Fundus von Regeln und Grundsätzen nicht unmittelbar anwendungsfähig ist. Grund dafür ist auch in diesen Fällen eine Mentalität der beteiligten Rechtssubjekte, die nicht mehr rechtsgehorsam, sondern rechtsnegierend in jenem schwer zu fassenden Sinne ist, daß sie zur Verfolgung des wirtschaftlichen Eigennutzes und unter Ausnutzung des Spielraums, den das Gesetz der vertraglichen Gestaltung des einzelnen läßt, neue und im Ergebnis oft bedenkliche Rechtsfiguren hervorbringt. Gefördert wird diese Entwicklung wiederum durch ein Element sozialen Übermaßes, nämlich durch die Massenhaftigkeit solcher Bestrebungen und der daraus entstehenden Phänomene. Wo in den gesetzlichen Modellen eigentlich das „Aushandeln" von Vertragsbedingungen stillschweigend vorausgesetzt war, trat in der modernen Wirklichkeit die Unterwerfung des Kunden unter vorgefertigte Vertragsmuster. Daß sich die Verbraucherschaft hiergegen nicht nachdrücklicher zur Wehr setzte, lag wiederum an der im Massenstaat unvermeidlichen Unüberschaubarkeit der Bezugsquellen für den Privatmann und an dem Übergewicht mehr oder weniger deutlich organisierter Gruppen.

Das bürgerliche Recht — diese Konsequenz ergibt sich erneut — bedarf, um seine volle Wirksamkeit und seinen vollen respektgebietenden Glanz entfalten zu können, gewisser Normalbedingungen. Diese sind, der oben geschilderten Grundeigenschaft des zivilistischen Denkens entsprechend, vor allem wirtschaftlicher Art und müssen vom einzelnen Rechtssubjekt erfüllt werden. Jeder Anspruch, sei es auf Leistung, sei es auf Schadensersatz, Bereicherung oder Aufwendungserstattung, setzt, um in seiner Existenz wie auch in seiner staatlich garantierten Durchsetzung sinnvoll zu sein, Personen voraus, die sich in „geordneten", hinlänglich fundierten Vermögensverhältnissen befinden. Ferner ist vorausgesetzt, daß der Anspruch selbst von normaler, keinesfalls exorbitanter Größe ist.

Zwar gibt es die vorgesehenen Ausnahmeverfahren gegenüber zahlungsunfähigen Schuldnern. Auch hier ist aber der normative und forensische Aufwand nur gerechtfertigt, wenn am Ende noch irgendeine quotenmäßige Lösung herauskommen kann[39]. Gegenüber Millionenschäden durch Schwindelfirmen und internationale Betrüger versagt auch dieser Regelbereich.

---

[39] Vgl. hierzu neuestens Uhlenbruck, NJW 75, 897 ff.

Zu diesen *wirtschaftlichen* Normalbedingungen, die ähnlich auch im Familien- und Erbrecht gelten, kommen solche hinzu, die sich auf den *personellen* Status beziehen. Das zivile Recht will für „Bürger" gelten, für Menschen also, die grundsätzlich bereit sind, sich in einen staatlichen oder sonstigen gesellschaftlichen Verband einzufügen und sich, wenn auch zur Erzielung privaten erlaubten Vorteils, innerhalb der Regeln dieser Gesamtheiten zu bewegen. Es müssen „überschaubare Verhältnisse" herrschen. Auf menschlichem Flugsand, in den Strömen der Flüchtlinge und Vertriebenen, in Lagern und Gefängnissen, in den Wirren der Kriege, Revolutionen, Inflationen läßt sich kein ziviles Recht begründen oder aufrechterhalten.

Dazu ist als Fundament der Rechtsregeln ein anerkanntes und funktionsfähiges Gefüge von Sitte, humaner Einstellung und sozialem Kontakt unerläßlich. Besteht ein solches Fundament nicht mehr, überwiegt vielmehr eine Auffassung der Bürger, wonach der einzelne sich um die Mißbilligung anderer und um die Meinung einer anders denkenden Mehrheit nicht zu kümmern brauche, dann können auch die Normen des gesetzten Rechts keine Wirkung haben. Schuldrecht basiert so auf entsprechender Schuldner- und Gläubigermoral. Sachenrecht ist ohne nachbarliche Gesinnung nicht denkbar. Familienrecht setzt das voraus, was als elterliche Pflichtauffassung, eheliche Liebe und Achtung, kindliche Zuneigung hinter den gesetzlichen Vorschriften lebendig sein muß.

Diese sozialen Grundvorstellungen müssen — und damit wird eine weitere in der öffentlichen Diskussion wenig beachtete Beschränkung der Wirksamkeit unseres Zivilrechts sichtbar — ihrerseits aber auch *gesetzeskonform* sein. Sie dürfen sich z. B. nicht in der Richtung bewegen, daß man Streitfragen besser „unter sich regeln" müsse, daß es ungehörig sei, „zum Kadi zu laufen", daß man ganz allgemein den Juristen erst bemühen sollte, wenn die laienhafte Aufbereitung des Rechtsfalles ohne Erfolg geblieben ist. Der allgemeine Wille, das Privatrecht überhaupt zur Richtschnur des rechtlichen und wirtschaftlichen Handelns zu machen, gehört zu den grundlegenden Bedingungen der Wirksamkeit dieses Rechts. Auch insofern ist die Realität um vieles anders, als es der ideale Schwung der Gesetzesverfasser angenommen hatte. In weiten Bereichen der Wirtschaft und des sozialen Lebens bestand und besteht keine Bereitschaft, im Gesetz eine verbindliche Lebens- und Verhaltensregel zu sehen. Es wird bestenfalls nachträglich zur Beurteilung der Situation herangezogen. Die Frage, nach welchen

VII. Grenzen des zivilrechtlichen Denkens

Grundsätzen man zu handeln und sich zu verhalten habe, wird nicht aus dem geltenden Recht, sondern aus brancheninternen Üblichkeits- und Nützlichkeitsregeln beantwortet. Es gibt aber, was die Wirksamkeit, die Geeignetheit und damit letzten Endes die Qualität eines Rechts betrifft, im Grunde nichts Schlimmeres als diese Feststellung.

Der Ziviljurist unserer Zeit bewegt sich mithin in seinem Denken auf einem breiten, aber in seiner Breite auch wieder begrenzten Band normaler Gegebenheiten. Es ist seinem wissenschaftlichen Bemühen aufgegeben, diese Beschränkung seines Wirkens zu erkennen und in seinem Bewußtsein zu verarbeiten. Wer solche Grenzen im Drange seiner täglichen Obliegenheiten gar nicht sieht, fühlt sich freilich recht wohl und ist mit sich und seiner Kunst zufrieden. Für den forschenden Intellekt dagegen wird es offenbar und bildet es einen Teilaspekt des allgemeinen zivilisatorischen Unbehagens, daß auch das Rechtsdenken unter der Einschränkung jenes mittleren Maßes steht, das durch den Stand der Zivilisation vorgegeben und durch keine noch so bemühte „Vertiefung" der Problematik zu überwinden ist. Denn die in Sonderheit als tiefgründig und originell verstandene Kritik und Infragestellung jedes Ergebnisses und seines Gegenteils führt — das zeigte sich insbesondere an den Betrachtungen über die Regeln des Argumentierens — bei Rechtsproblemen immer ins Ausweglose. Es gibt für jedes Argument ein Gegenargument so sicher, wie die menschliche Existenz überall zwischen den Polen natürlicher Antinomien steht, — „Saat und Ernte, Frost und Hitze, Sommer und Winter, Tag und Nacht". Das zivile Rechtsdenken kann darum nie hoffen, das Absolute, Unanfechtbare, allein Richtige zu finden, sondern muß zufrieden sein, auf der vielbegangenen Straße des Üblichen, Bekannten, Normalen und Maßvollen ein zeitbedingtes Ergebnis zu erzielen.

Printed by Libri Plureos GmbH
in Hamburg, Germany